# LA BIBLE DES BEIGNETS ET DES FRITES

Un livre de recettes de fritures avec plus de 100 délicieuses recettes de beignets et de frites

Claire Bernard

**Tous les droits sont réservés.**

**Avertissement**

Les informations contenues i sont destinées à servir de collection complète de stratégies sur lesquelles l'auteur de cet eBook a effectué des recherches. Les résumés, stratégies, trucs et astuces ne sont que des recommandations de l'auteur, et la lecture de cet eBook ne garantit pas que les résultats reflètent exactement les résultats de l'auteur. L'auteur du livre électronique a fait tous les efforts raisonnables pour fournir des informations à jour et exactes aux lecteurs du livre électronique. L'auteur et ses associés ne sauraient être tenus responsables de toute erreur ou omission involontaire qui pourrait être constatée. Le contenu du livre électronique peut inclure des informations provenant de tiers. Les documents de tiers comprennent les opinions exprimées par leurs propriétaires. En tant que tel, l'auteur du livre électronique n'assume aucune responsabilité pour tout matériel ou opinion de tiers.

Le livre électronique est protégé par copyright © 2022 avec tous droits réservés. Il est illégal de redistribuer, copier ou créer un travail dérivé de cet eBook, en tout ou en partie. Aucune partie de ce rapport ne peut être reproduite ou retransmise sous quelque forme que ce soit, reproduite ou retransmise sous quelque forme que ce soit sans l'autorisation écrite expresse et signée de l'auteur.

INTRODUCTION .................................................................. 9

Beignets DE CÉRÉALES, NOIX ET GRAINES ................................. 11

    1. Beignets de riz brun rapide ................................................ 11

    2. Beignets de maïs ............................................................ 13

    3. Beignets de pois aux yeux noirs ........................................ 15

    4. Beignets de riz ................................................................ 17

    5. Beignets de bleuets/maïs ................................................. 19

    6. Beignets de maïs avec trempette ...................................... 22

    7. Beignets de carnaval ....................................................... 24

    8. Beignets de pois chiches et salsa de poires ....................... 26

    9. Beignets de pois chiches au couscous .............................. 28

    10. Beignets de maïs et poivre .............................................. 30

    11. Beignets de Hanouka ...................................................... 32

CROQUETTES DE LÉGUMES ..................................................... 34

    12. Beignets de gombo ......................................................... 34

    13. Beignets de haricots ........................................................ 36

    14. Beignets de patates douces au gingembre ....................... 38

    15. Beignets d'aubergines ..................................................... 40

    16. Beignets d'artichauts ....................................................... 42

    17. Beignets de blettes à la rhubarbe ..................................... 44

    18. Beignets de figues ........................................................... 46

19. Mesclun aux beignets de navet .......... 48
20. Beignets de courgettes dessert .......... 50
21. Beignets de poireaux .......... 52
22. Beignets de lentilles et vinaigrette de betterave .......... 54
23. Beignets d'aubergines .......... 56
24. Beignets de carottes au curry .......... 58
25. Beignets de pois frits .......... 60
26. Beignets de pommes de terre farcis .......... 62
27. Beignets de champignons .......... 64
28. Bhajiyas à l'oignon / beignets à l'oignon .......... 66
29. Pakora .......... 68
30. Beignets de panais et carottes .......... 70
31. Pommes frites/beignets de patatine .......... 72
32. Beignets de pommes de terre et noix .......... 74
33. Beignets de citrouille .......... 76
34. Beignets d'épinards .......... 78
35. Beignets de tofu frits .......... 80
36. Beignets de tomates .......... 82

Beignets DE FRUITS .......... 84

37. Beignets de pommes hollandais .......... 84
38. Beignets pomme-orange .......... 86
39. Beignets de banane en pâte tempura .......... 88
40. Beignets d'abricots .......... 90
41. Beignets de banane Benya .......... 92

42. Beignets de langoustine et banane .................................. 94
43. Beignets de pêche en conserve .................................... 96
44. Beignets d'ananas des Caraïbes ................................... 98
45. Beignets de sureau ...................................................100
46. Beignets de fruits et légumes.................................... 102
47. Beignets de fruits sauce citron-bourbon ..................... 104
48. Beignets de pommes espion du nord ......................... 106
49. Beignets de banane à l'ananas .................................. 108
50. Beignets de poires pochées ....................................... 110

**FRITETS DE FRUITS DE MER** ............................................. 112

51. Beignets de poisson-chat ........................................... 112
52. Beignets de morue ...................................................... 115
53. Beignets de poisson et chair de crabe ........................ 117
54. beignets de palourdes et de maïs ............................... 119
55. Beignets de conque .................................................... 121
56. Beignets de palourdes en conserve ............................ 123
57. Beignets de crabe et avocat ....................................... 125
58. Beignets d'écrevisses ................................................. 127
59. Beignets de palourdes ................................................ 129
60. Beignets indonésiens de crevettes au maïs ................ 131
61. Beignets de courge spaghetti à l'italienne .................. 133
62. Beignets de homard ................................................... 135
63. Beignets de moules à la salsa .................................... 137
64. Beignets de poulpe .................................................... 139

| 65. | Beignets de crevettes | 141 |
| --- | --- | --- |
| 66. | Beignets de maïs aux huîtres | 143 |
| 67. | Beignets de thon | 145 |

Beignets AU FROMAGE ...................147

| 68. | Beignets au fromage de Bâle | 147 |
| --- | --- | --- |
| 69. | Beignets d'herbes avec trempette au yaourt et aux abricots | 149 |
| 70. | Beignets au fromage de Berne | 152 |
| 71. | Beignets de haricots, maïs et cheddar | 154 |
| 72. | Beignets de mozzarella et spaghettis | 156 |
| 73. | Beignets à l'emmental | 159 |
| 74. | Beignets de cheddar à la semoule de maïs | 161 |
| 75. | Beignets de camembert | 163 |
| 76. | Beignets chou-fleur-cheddar | 165 |
| 77. | Beignets de pommes de terre farcis au fromage | 167 |
| 78. | Beignets de poires et cheddar | 169 |
| 79. | Beignets de ricotta et châtaignes avec bagna cauda | 171 |
| 80. | Beignets au fromage du Waadtland | 173 |

Beignets DE VIANDES ET DE VOLAILLES ................ 175

| 81. | Beignets de poulet | 175 |
| --- | --- | --- |
| 82. | Beignets de boeuf en morceaux | 177 |
| 83. | Beignets d'oeufs aux haricots verts et macaronis | 179 |
| 84. | Beignets de maïs frais et saucisses | 181 |
| 85. | Beignets de maïs à hot-dog | 183 |
| 86. | Beignets de viande coréens | 185 |

87. Beignets de parmesan et mozzarella .................... 187

Beignets de desserts ................................................ 189

88. Beignets de noix de pécan enrobés de chocolat .......... 189
89. Beignets de choux ........................................... 191
90. Beignets de pudding de Noël .............................. 193
91. Beignets à la cannelle ..................................... 195
92. Beignets français .......................................... 197
93. Beignets à l'érable ........................................ 199
94. Beignets de cerises au rhum ............................... 201
95. Suvganiot .................................................. 203
96. Beignets de vin ............................................ 205

Beignets DE FLEURS COMESTIBLES ................................ 207

97. Beignets de fleurs de sureau servis avec mousse de fleurs de sureau ............................................................. 207
98. Beignets de fleurs de pissenlit ........................... 209
99. Beignets de fleurs de sureau .............................. 211
100. Beignets de pétales de rose .............................. 213

CONCLUSION ...................................................... 215

# INTRODUCTION

Par définition, les beignets sont essentiellement des aliments frits classés en trois catégories :

- Gâteaux frits de pâte de Chou ou une pâte levée.

- Morceaux de viande, fruits de mer, légumes ou fruits enrobés d'une pâte et frits.

- Petits gâteaux d'aliments hachés dans la pâte, comme les beignets de maïs.

Les beignets sont un aliment extrêmement polyvalent. Ils peuvent être un accompagnement, un apéritif, une collation ou un dessert. Ils ont été introduits au Japon au XVIe siècle et sont devenus de plus en plus populaires au cours de cette décennie.

**Conseils de base pour commencer**

1. N'ayez pas peur du pétrole. Assurez-vous d'en ajouter suffisamment dans la poêle, car cela aidera à donner du croustillant, une bonne couleur et une saveur délicieuse aux beignets.

2. Que ça grésille ! Votre poêle doit être bien réchauffée avant la cuisson. Si le beignet ne grésille pas lorsqu'il touche la poêle, vous savez qu'il n'est pas prêt !

3. Ne surchargez pas la casserole, car cela fait baisser la température de la casserole, ce qui entraîne des beignets mous et insuffisamment cuits.

**La formule de base**

Légumes + Aromatiques & Épices + Fromage + Liant

# Beignets DE CÉRÉALES, NOIX ET GRAINES

## 1. Beignets de riz brun rapide

Rendement : 6 portions

**Ingrédient**

- 2 tasses de riz brun à grains courts cuit
- ½ tasse) de sucre
- 3 Des œufs; battu
- 
-

- ½ cuillère à café de sel cuillère à café de vanille 6 cuillères à soupe de farine

- ½ cuillère à café de muscade
- 3 cuillères à café de levure chimique

Mélanger le riz, les œufs, la vanille et la muscade et bien mélanger.

Tamiser les ingrédients secs ensemble et incorporer au mélange de riz. Déposer par cuillerées dans la graisse profonde chaude (360) et faire frire jusqu'à coloration brune.

Égoutter sur du papier absorbant, saupoudrer de sucre glace et servir chaud

## 2. Beignets de maïs

Rendement : 4 portions

Ingrédient

- 10 onces style crème glacée géante verte
- Huile de maïs pour friture
- ½ tasse de farine
- ½ tasse de semoule de maïs jaune
- 
-

- 
- 1 cuillère à café de levure chimique

  1 cuillère à café d'oignon émincé instantané

  ½ cuillère à café de sel

  2 Des œufs

Placer le sachet de maïs non ouvert dans de l'eau tiède pendant 10 à 15 minutes pour le décongeler.

Dans une friteuse ou une casserole à fond épais, chauffer 2 à 3 pouces d'huile à 375 degrés. Dans un bol moyen, mélanger le maïs décongelé et le reste des ingrédients; remuer jusqu'à ce que le tout soit bien mélangé.

Déposez la pâte par cuillerées à soupe de niveau dans l'huile chaude, à 375 degrés. Faire frire 2 à 3 minutes ou jusqu'à ce qu'ils soient dorés. Égoutter sur du papier absorbant

## 3. Beignets de pois aux yeux noirs

Rendement : 20 portions

Ingrédient

- ½ livres Pois aux yeux noirs, trempés
- 4 chacun Gousses d'ail, écrasées
- 2 cuillères à café de sel
- 
-

- 
- 1 cuillère à café de poivre noir 4 cuillères à soupe d'eau

    huile de friture

    Jus de citron vert au goût

Lorsque les pois ont ramolli, frottez la peau et laissez tremper 30 minutes supplémentaires.

Égoutter et rincer.

Dans un robot culinaire, mélanger les pois, l'ail, le sel et le poivre

Ajouter de l'eau tout en poursuivant le processus. Ajouter suffisamment d'eau pour obtenir une purée lisse et épaisse.

Préchauffer le four à 250F. Dans une grande poêle, chauffer 2 à 3 pouces d'huile et faire frire 1 pot de pâte jusqu'à ce qu'elle soit dorée. Répétez jusqu'à ce que toute la pâte ait été frite de cette façon. Garder au four pour garder au chaud. Servir très chaud, saupoudré de sel et de jus de citron vert.

# 4. Beignets de riz

Rendement : 12 portions

Ingrédient

- 1 paquet de levure sèche
- 2 cuillères à soupe    Eau chaude
- 1½ tasse de riz cuit ; refroidi
- 3 Des œufs; battu
- 1½ tasse de farine
- ½ tasse) de sucre

- 
    - ½ cuillère à café de sel
- cuillère à café de muscade
- Graisse pour friture
- Sucre de confiserie

Dissoudre la levure dans l'eau tiède. Mélanger avec du riz et laisser reposer dans un endroit chaud toute la nuit. Le lendemain, incorporer les œufs, la farine, le sucre, le sel et la muscade.

Ajouter plus de farine si nécessaire pour faire une pâte épaisse. Chauffer la graisse à 370 degrés ou jusqu'à ce qu'un cube de pain de 1 pouce brunisse en 60 secondes. Déposer la pâte d'une cuillère à soupe dans la graisse chaude et faire frire jusqu'à ce qu'elle soit dorée, environ 3 minutes.

Égoutter sur du papier absorbant et saupoudrer de sucre en poudre. Servir chaud

## 5. Beignets de bleuets/maïs

Rendement : 6 portions

Ingrédient

- ⅔ tasse de farine
- ⅓ tasse de fécule de maïs
- 2 cuillères à soupe de sucre
- 1 cuillère à café de levure chimique
- ½ cuillère à café de sel
- ¼ cuillère à soupe de muscade moulue

- 
- ⅓ tasse de lait

  2 Œuf, séparé

- Huile végétale
- 1½ tasse de bleuets
- Sucre de confiserie & Miel

Dans un bol moyen, mélanger la farine, la fécule de maïs, le sucre, la poudre à pâte, le sel et la muscade.

Dans une tasse à mesurer de 2 tasses, mélanger le lait, les jaunes d'œufs et l'huile. Verser dans le mélange de farine. Bien mélanger. La pâte sera raide. Incorporer les bleuets. Mettre de côté.

Dans un petit bol avec le batteur à puissance élevée, battre les blancs d'œufs jusqu'à la formation de pics fermes. À l'aide d'une spatule en caoutchouc, incorporer délicatement la moitié des blancs d'œufs battus dans la pâte jusqu'à homogénéité. Incorporez ensuite le reste des blancs d'œufs battus à la pâte,

Ajouter délicatement la pâte à beignets par cuillerée à soupe, quelques-uns à la fois, à l'huile chaude. Faire frire 3-4 minutes, en retournant une fois, ou jusqu'à ce que les beignets soient dorés.

# 6. Beignets de maïs avec trempette

Rendement : 8 portions

Ingrédient

- 2 gros œufs ; battu
- tasse de lait
- 1 cuillère à café de cumin moulu
- 2 tasses de farine
- Sel et poivre au goût

- 
- 2 tasses de grains de maïs

  3 cuillères à soupe de persil ; haché

### Sauce à l'orange épicée

- $\frac{1}{2}$ tasse de marmelade d'oranges
- $1\frac{3}{8}$ tasse de jus d'orange frais
- 1 cuillère à soupe de gingembre ; râpé
- $\frac{1}{2}$ cuillère à café de moutarde de Dijon

Dans un bol, battre les œufs et le lait. Dans un autre bol, mélanger le cumin sur la farine. Bien assaisonner avec du sel et du poivre

Battre le mélange d'œufs dans la farine avec un fouet. Incorporer le maïs et le persil. Faire chauffer l'huile à 375°. Déposer le mélange de maïs dans la graisse chaude sans encombrer la poêle. Frire, en retournant une fois, jusqu'à ce qu'il soit doré

Retirer et égoutter sur du papier absorbant. Mélanger les ingrédients de la sauce et servir.

# 7. Beignets de carnaval

Rendement : 18 portions

Ingrédient

- 1 tasse d'eau chaude
- 8 cuillères à soupe de beurre non salé
- 1 cuillère à soupe de sucre
- ½ cuillère à café de sel
- 1 tasse de farine tout usage, tamisée
- 4 œufs

- 
- 1 cuillère à café de zeste d'orange fraîchement râpé

1 cuillère à café de zeste de citron fraîchement râpé

4 tasses d'huile d'arachide ?

- Sucre de confiserie

Mélanger l'eau, le beurre, le sucre et le sel dans une petite casserole et porter à ébullition. Lorsque le beurre est fondu, ajoutez la farine. Remuer vigoureusement avec un fouet

Ajouter les œufs, un à la fois, en battant vigoureusement avec une cuillère après chaque ajout. Ajouter les zestes d'orange et de citron râpés.

Dans une poêle profonde, chauffer l'huile d'arachide à 300°F.

Déposez la pâte par cuillerée à soupe dans l'huile chaude, pas plus de 4 ou 5 à la fois. Lorsque les beignets sont dorés et gonflés, retirez-les à l'aide d'une écumoire, égouttez-les sur du papier absorbant et saupoudrez-les de sucre glace.

-

- 
- 

## 8. Beignets de pois chiches et salsa de poires

Rendement : 1 portion

**Ingrédient**

- 1½ tasse de pois chiches cuits, égouttés
- 1 cuillère à café de sel
- 1 moyen pomme de terre de l'Idaho
- 1 petit oignon, grossièrement râpé

- 1 cuillère à soupe de farine

    2 cuillères à café de sauce au piment fort

    3 Blancs d'œufs légèrement battus

    2 tomates italiennes prunes
- 2 Poires fermes pelées, épépinées et coupées en dés
- 1 cuillère à soupe de jus de citron frais
- 6 grands oignons verts, hachés
- 1 cuillère à soupe de piments jalapeño
- 1 cuillère à soupe de vinaigre de vin de Xérès
- 1 cuillère à café de miel

Dans un bol moyen, mélanger la pomme de terre, l'oignon, la farine et la sauce au piment fort. Bien mélanger pour bien mélanger. Ajouter les pois chiches et les blancs d'œufs et mélanger.

Déposez des cuillères à soupe bombées de la pâte dans la poêle en laissant de la place pour qu'elles s'étalent. Cuire à feu modérément élevé jusqu'à ce qu'ils soient dorés

-

- 
- 

Servir avec une salsa aux poires piquantes

## 9. Beignets de pois chiches au couscous

Rendement : 1 portion

Ingrédient

- 7 onces Couscous,cuit
- ½ petit concombre

- 2 Tomates italiennes; (pelé, épépiné, coupé en dés)
- 1 citron vert
- 6 Oignons verts; coupé

    1 boîte (14oz) de pois chiches égouttés rincés

    ½ cuillère à café de coriandre ou coriandre et menthe

    1 piment rouge ; épépiné finement haché
- 1 gousse d'ail
- Farine ordinaire pour saupoudrer
- 5 onces yaourt FF
- Sel et poivre fraîchement moulu
- Paprika/Cumin au goût

Incorporer les tomates, le persil au couscous. Couper le citron vert en deux et presser le jus. Hacher finement les oignons nouveaux en couscous.

Ajouter le cumin, la coriandre/coriandre, le piment et les feuilles de coriandre/coriandre. Hacher la gousse d'ail et l'ajouter. Placer le concombre dans un bol et incorporer le

-

- 
- 

yaourt haché et la menthe ajouter avec beaucoup d'assaisonnement. Bien mélanger

Façonner le mélange de pois chiches en 6 galettes et saupoudrer légèrement de farine. Ajouter dans la poêle et cuire quelques minutes.

10. Beignets de maïs et poivre

Rendement : 12 beignets

Ingrédient

- 1¼ tasse de maïs, à grains entiers, frais ou surgelé
- 1 tasse de poivron rouge ; haché finement
- 1 tasse d'oignons verts ; haché finement
- 1 cuillère à café de jalapeño ; finement haché
- 1 cuillère à café de cumin moulu

    1¼ tasse de farine

    2 cuillères à café de levure

    Le sel; goûter

- Poivre, noir; goûter
- 1 tasse de lait
- 4 cuillères à soupe d'huile

Mettez le maïs dans un bol à mélanger avec le poivron haché, les oignons verts et le piment fort. Saupoudrer de cumin, de farine, de levure chimique, de sel et de poivre; remuer pour mélanger. Ajouter le lait et remuer pour bien mélanger.

-

- 
- 

Verser la pâte en portions de ¼ de tasse dans la poêle et cuire jusqu'à ce qu'elle soit dorée des deux côtés, environ 2 minutes chacun.

# 11. Beignets de Hanouka

Rendement : 1 portion

Ingrédient

- 2 Levure, enveloppes sèches actives Eau tiède
- 2½ tasse de farine ; non blanchi jusqu'à 3 Sel
- 2 cuillères à café de graines d'anis
- 2 cuillères à soupe    Huile d'olive
- 1 tasse de raisins secs ; sombre sans pépins
- 1 tasse d'huile d'olive pour la friture

- 
- 1½ tasse de miel

  2 cuillères à soupe de jus de citron

Mélanger la farine, le sel et les graines d'anis dans un bol. Ajouter graduellement la levure dissoute et les 2 cuillères à soupe d'huile d'olive. Pétrir jusqu'à ce que la pâte soit lisse et élastique

Répartir les raisins secs sur le plan de travail et pétrir la pâte dessus. Former une boule.

Faites chauffer l'huile et faites frire les diamants quelques-uns à la fois, en les retournant, jusqu'à ce qu'ils soient dorés des deux côtés.

Faites chauffer le miel dans une casserole avec 2 cuillères à soupe de jus de citron et faites bouillir pendant seulement 3 minutes. Disposer sur une assiette de service et verser le miel chaud dessus.

### CROQUETTES DE LÉGUMES

# 12. Beignets de gombo

Rendement : 1 portion

Ingrédient

- 1 tasse de farine non blanchie tamisée
- $1\frac{1}{2}$ cuillère à café de levure chimique
- 2 cuillères à café de sel
- $\frac{1}{4}$ cuillère à café de poivre noir moulu
- cuillère à café de muscade râpée
- 1 pincée de Cayenne

- 2 tasses de gombo frais - tranché finement

Bien mélanger les ingrédients

Déposer par cuillères à café dans l'huile. Cuire jusqu'à ce qu'ils soient dorés, 3 à 5 minutes jusqu'à ce qu'ils flottent, puis les retourner.

Égoutter sur du papier absorbant et servir chaud avec une trempette si désiré.

# 13. Beignets de haricots

Rendement : 24 beignets

## Ingrédient

- 1 tasse de petits pois aux yeux noirs
- 2 Poivre, rouge, piquant; épépiné, haché
- 2 cuillères à café de sel
- Huile végétale; pour la friture

- Faire tremper les haricots toute une nuit dans de l'eau froide. Égoutter, frotter et jeter la peau, couvrir à nouveau les haricots d'eau froide et laisser tremper pendant 2-3 heures de plus. Egouttez, rincez et passez au hachoir à viande avec la lame la plus fine, ou réduisez petit à petit au mixeur électrique. Moudre les poivrons. Ajouter le sel et le poivre aux haricots et battre avec une cuillère en bois jusqu'à ce qu'ils soient légers et mousseux et considérablement augmentés en volume.

Faites chauffer l'huile dans une poêle à fond épais et faites frire le mélange par cuillerée à soupe jusqu'à ce qu'il soit doré des deux côtés. Égoutter sur du papier absorbant. Servir chaud en accompagnement de boissons.

## 14. Beignets de patates douces au gingembre

Rendement : 1 portion

### Ingrédient

- UNE; (1/2 livre) patate douce
- 1½ cuillère à café de gingembre frais épluché
- 2 cuillères à café de jus de citron frais
- cuillère à café de flocons de piment rouge séchés
- ¼ cuillère à café de sel
- 1 œuf large

- 5 cuillères à soupe de farine tout usage
- Huile végétale pour friture

Au robot culinaire, hacher finement la patate douce râpée avec le gingembre, le jus de citron, les flocons de piment rouge et le sel, ajouter l'œuf et la farine, et bien mélanger le mélange.

Dans une grande casserole, chauffer 1½ pouces d'huile et déposer des cuillères à soupe du mélange de patates douces dans l'huile jusqu'à ce qu'elles soient dorées

Transférer les beignets sur du papier absorbant pour les égoutter.

## 15. Beignets d'aubergines

Rendement : 6 portions

**Ingrédient**

- 2 ufs battus
- Sel au goût
- 2 cuillères à soupe    Lait
- 2 Aubergines (aubergines), finement tranchées
- Huile pour friture

Mélanger les œufs, le sel et le lait pour faire une pâte. Tremper les tranches d'aubergine dans la pâte et faire frire les tranches d'aubergine enrobées dans l'huile à feu modéré jusqu'à ce qu'elles soient uniformément dorées.

## 16. Beignets d'artichauts

Rendement : 6 portions

Ingrédient

- ½ livres Coeurs d'artichauts, cuits et coupés en dés
- 4 Oeufs, séparés
- 1 cuillère à café de levure chimique
- 3 oignons verts, hachés
- 1 cuillère à soupe de zeste de citron râpé

- ½ tasse de farine

- Sel et poivre au goût

- 1 cuillère à soupe de fécule de maïs

- 4 tasses d'huile pour la friture, d'arachide ou de maïs

Placer les cœurs d'artichauts dans un grand bol et incorporer les jaunes d'œufs et la poudre à pâte. Ajouter l'oignon vert. Incorporer le zeste de citron. Mélanger la farine, le sel et le poivre. Dans un autre bol, battre les blancs d'œufs et la fécule de maïs jusqu'à formation de pics. Incorporer les blancs d'œufs au mélange d'artichauts.

Avec une cuillère à soupe, déposez des cuillerées de pâte à beignets de la taille d'un demi-dollar dans l'huile. Frire jusqu'à coloration dorée

Retirer les beignets avec une écumoire et les égoutter sur du papier absorbant.

# 17. Beignets de blettes à la rhubarbe

Rendement : 1 portion

**Ingrédient**

- 8 branches de rhubarbe à carde
- 1 tasse de farine
- ½ cuillère à café de sel
- cuillère à café de paprika
- 1 œuf légèrement battu
- 2 cuillères à soupe d'huile ou de beurre fondu

- 
- ⅔ tasse de lait

    Huile pour friture

Mélanger la farine, le sel, le paprika, l'œuf, l'huile ou le beurre et le lait.

Tremper des morceaux de tige dans cette pâte en les couvrant bien. Faire frire dans de la graisse profonde chauffée à 375 F ou jusqu'à ce qu'elle soit assez chaude pour faire dorer un cube de pain de 1 pouce en 1 minute.

Égoutter sur du papier brun dans un four chaud

# 18. Beignets de figues

Rendement : 24 figues

**Ingrédient**

- 24 figues mûres fermes
- 2 œufs, séparés
- tasse de lait
- 1 cuillère à soupe d'huile
- 1 pincée de sel

- 
- Zeste de citron râpé

20½ onces de farine

1 cuillère à soupe de sucre

- huile de friture

Dans un bol, battre les jaunes d'œufs avec le lait, l'huile, le sel et le zeste de citron. Incorporer la farine et le sucre et bien mélanger. Réfrigérer la pâte pendant 2 heures.

Battre les blancs d'œufs en neige ferme et les incorporer à la pâte. Trempez les figues dans la pâte et faites-les frire dans de l'huile chaude profonde jusqu'à ce qu'elles soient dorées.

Égoutter brièvement et saupoudrer de sucre. Abricots, bananes et autres fruits peuvent être préparés de la même manière.

- 
-

- 
- 

## 19. Mesclun aux beignets de navet

Rendement : 6 portions

Ingrédient

- $\frac{1}{4}$ tasse de beurre
- 1 tasse d'oignon haché
- 1 tasse d'oignons verts hachés
- 2 branches de céleri, hachées
- 2 cuillères à soupe de gingembre haché finement

2 gousses d'ail, hachées finement

1 livres Petits navets aux fanes vertes

10 tasses d'eau

2 cubes de bouillon de poulet extra-larges

- $\frac{1}{2}$ tasse de vin blanc sec ou d'eau
- tasse de fécule de maïs
- 6 tasses de feuilles d'épinards frais entiers emballés
- $1\frac{1}{4}$ cuillère à café de poivre noir moulu
- $\frac{1}{2}$ cuillère à café de sel
- $\frac{1}{4}$ tasse de farine tout usage non tamisée
- 1 gros œuf, légèrement battu
- Huile végétale pour la friture

Préparez les verts.

Râpez grossièrement les navets refroidis. Mélanger les navets râpés, la farine, l'œuf et le $\frac{1}{4}$ t restant de poivre et de sel.

- 
-

- 
- 

Ajouter des cuillerées à thé combles de mélange de beignets dans la poêle et faire frire, en les retournant, jusqu'à ce qu'ils soient dorés des deux côtés

## 20. Beignets de courgettes dessert

Rendement : 2 portions

**Ingrédient**

- 2 oeufs
- ⅔ tasse de fromage cottage faible en gras

- 2 tranches de pain blanc ou WW émietté
- 6 cuillères à café de sucre

  1 trait de sel

  ½ cuillère à café de levure chimique

  2 cuillères à café d'huile végétale

  1 cuillère à café d'extrait de vanille
- ½ cuillère à café de cannelle moulue
- ¼ cuillère à café de muscade moulue
- ⅛ cuillère à café de piment de la Jamaïque moulu
- 2 cuillères à soupe de raisins secs
- 1 tasse de courgettes enfin râpées non pelées

Mélanger tous les ingrédients sauf les raisins secs et les courgettes. Mélanger jusqu'à consistance lisse. Verser le mélange dans un bol. Incorporer les courgettes et les raisins secs au mélange d'œufs.

- 
-

- 
- 

Préchauffer une poêle antiadhésive ou une plaque chauffante à feu moyen-élevé. Déposer la pâte sur la plaque chauffante avec une grande cuillère, pour faire des gâteaux de 4 pouces. Retourner les beignets avec précaution lorsque les bords semblent secs.

21. Beignets de poireaux

Rendement : 4 portions

**Ingrédient**

- 4 tasses de poireaux hachés ; (environ 2 livres)

- 1 cuillère à soupe d'huile végétale
- 1 cuillère à soupe de beurre
- 2 tasses d'oseille hachée
- 2 oeufs

  ¼ tasse de farine cuillère à café de zeste de citron séché ¼ cuillère à café de poudre de curry sucré

  ¼ cuillère à café de poivre blanc
- ½ cuillère à café de sel
- Crème aigre

Faire revenir les poireaux dans l'huile et le beurre pendant environ 7 minutes, jusqu'à ce qu'ils soient cuits, mais pas dorés

Ajouter l'oseille et cuire encore 7 minutes, environ, jusqu'à ce qu'elle ramollisse. Une fois refroidi, fouetter ensemble les œufs, la farine et les assaisonnements. Ajouter aux poireaux.

- 
-

- 
- 

Dans une sauteuse, chauffer environ ¼ tasse d'huile végétale. Verser suffisamment de mélange de poireaux pour faire une crêpe de 2-½"-3". Cuire 2-3 minutes sur le premier côté, jusqu'à ce qu'ils soient légèrement dorés, tourner et cuire environ 2 minutes sur le deuxième côté.

Égoutter sur du papier absorbant et servir.

### 22. Beignets de lentilles et vinaigrette de betterave

Rendement : 4 portions

**Ingrédient**

- ¼ livre de lentilles rouges; cuit
- 1 cuillère à soupe d'aneth frais haché
- 1 cuillère à café de paprika
- ½ cuillère à café de sel
- livres    Pommes de terre rouges; épluché

  Huile d'olive; pour la friture livres

     Verts de betteraves; tiges enlevées 1

  cuillère à soupe de vinaigre balsamique

  ½ cuillère à café de moutarde moulue sur pierre

- ½ cuillère à café de câpres
- Le sel
- Poivre noir fraichement moulu
- 3 cuillères à soupe d'huile d'olive extra vierge

- 
-

- 
- 

Placer la purée de lentilles dans un bol, incorporer l'aneth, le paprika et ½ cuillère à café de sel. Râpez les pommes de terre dans le bol et mélangez.

Former le mélange de lentilles en beignets de la taille d'un demi-dollar et les faire frire dans une fine couche d'huile jusqu'à ce qu'ils soient dorés

Vinaigrette : Mettre le vinaigre, la moutarde, les câpres, le sel et le poivre dans un petit bol. Incorporer l'huile d'olive jusqu'à homogénéité. Faire bouillir les fanes de betteraves dans de l'eau salée jusqu'à ce qu'elles ramollissent. Servir

## 23. Beignets d'aubergines

Rendement : 4 portions

**Ingrédient**

- 1 petite aubergine
- 1 cuillère à café de vinaigre
- 1 oeuf
- ¼ cuillère à café de sel
- 3 cuillères à soupe de farine
-

½ cuillère à café de levure chimique

Peler et trancher l'aubergine. Cuire jusqu'à tendreté dans de l'eau bouillante salée. Ajouter le vinaigre et laisser reposer une minute pour éviter la décoloration. Égoutter l'aubergine et la purée. Incorporer les autres ingrédients et déposer de la cuillère dans la graisse chaude, en retournant les beignets pour qu'ils brunissent uniformément. Bien égoutter sur du papier absorbant et garder au chaud.

Des oignons finement hachés, du persil, etc., peuvent être ajoutés.

## 24. Beignets de carottes au curry

Rendement : 1 portion

**Ingrédient**

- ½ tasse de farine
- 1 œuf légèrement battu
- 1 cuillère à café de curry en poudre
- ½ livre de carottes
- ¼ cuillère à café de sel
-

- ½ tasse de bière plate

    1 blanc d'oeuf

Mélanger la farine, le sel, l'œuf, 1 cuillère à soupe d'huile végétale et la bière pour obtenir une pâte lisse.

Incorporer la poudre de cari. Battre le blanc d'œuf en neige ferme et l'incorporer à la pâte. Incorporer délicatement les carottes.

Déposez de grandes cuillerées de mélange dans de l'huile végétale à 375 degrés et faites cuire environ une minute de chaque côté.

# 25. Beignets de pois frits

Rendement : 4 portions

**Ingrédient**

- 2 tasses de pois des champs (cuits)
- 1 tasse de farine
- 2 cuillères à café de levure
- 1 cuillère à café de poivre
- ½ cuillère à café de sel
- 1 cuillère à soupe de curry en poudre

- 
- 

2 oeufs

1½ tasse de lait

Mélanger tous les ingrédients secs. Battre les œufs et le lait. Ajouter au mélange de farine. Incorporer délicatement les pois cuits.

Déposer de la cuillère dans la graisse chaude de ¾ de pouce. Frire jusqu'à ce qu'il soit brun clair. Pour 4 à 5 personnes

## 26. Beignets de pommes de terre farcis

Rendement : 1 portion

## Ingrédient

- ¼ tasse d'huile de maïs
- 3 oignons moyens (1-1/2 tasses) ; haché
- 1 livres Le bœuf haché
- 1 cuillère à café de sel
- ½ cuillère à café de poivre

- 
- 
- 3 livres de pommes de terre ; cuit et en purée

    1 oeuf; battu

    1 cuillère à café de sel ; ou à déguster

- ½ cuillère à café de cannelle moulue
- ½ cuillère à café de poivre
- 1 tasse de repas Matzoh

Faire chauffer l'huile dans une poêle et faire revenir les oignons à feu moyen jusqu'à ce qu'ils soient dorés. Ajouter le bœuf, le sel et le poivre et faire sauter jusqu'à ce que le mélange soit sec et que tout le liquide se soit évaporé. Ajouter la purée de pommes de terre.

Façonner ½ tasse de pâte de pommes de terre en un cercle dans la paume de la main. Placer 1 généreuse farce au centre et replier la pâte en forme de boudin légèrement aplati

Faire revenir dans l'huile à feu moyen jusqu'à ce qu'ils soient dorés des deux côtés.

# 27. Beignets de champignons

Rendement : 6 portions

## Ingrédient

- 1 tasse de farine tout usage
- 1 12 oz canette de bière
- 1½ cuillère à café de sel
- ¼ cuillère à café de poivre noir
- 1 cuillère à café de paprika
- 1 livres Champignons

- 
- 
- Jus de citron

    Le sel

    4 tasses d'huile pour la friture

Préparez la pâte en mélangeant tout sauf les champignons, le sel et le citron jusqu'à consistance lisse.

Arrosez les champignons d'un peu de jus de citron et de sel.

Tremper un champignon dans la pâte et le déposer dans l'huile de cuisson chaude jusqu'à ce qu'il soit doré. Conserver les champignons déjà cuits sur une plaque recouverte de papier absorbant à four doux.

# 28. Bhajiyas à l'oignon / beignets à l'oignon

Rendement : 6 portions

**Ingrédient**

- 1½ tasse de farine de lentilles ou de pois chiches
- 1 cuillère à café de sel ou au goût
- 1 pincée de bicarbonate de soude
- 1 cuillère à soupe de riz moulu
- Pincée de cumin/piment en poudre/coriandre

- 
- 
- 1 à 2 piments verts frais

    2 gros oignons, tranchés en rondelles et séparés

    Huile pour friture

Tamiser la farine et ajouter le sel, le bicarbonate de soude, le riz moulu, le cumin, la coriandre, la poudre de chili et les piments verts; bien mélanger. Maintenant, ajoutez les oignons et mélangez soigneusement.

Ajouter graduellement de l'eau et continuer à mélanger jusqu'à ce qu'une pâte molle et épaisse se forme.

Faites chauffer l'huile et faites frire les beignets doucement pour vous assurer que la pâte au centre reste molle, tandis que l'extérieur devient brun doré et croustillant. Cela devrait prendre environ 12 à 12 minutes pour chaque lot.

Égoutter les beignets sur du papier absorbant.

# 29. Pakora

Rendement : 12 portions

**Ingrédient**

- 1 tasse de farine de pois chiches
- ½ tasse de farine tout usage non blanchie
- ½ cuillère à café de bicarbonate de soude
- cuillère à café de crème de tartre
- ¼ cuillère à café de sel de mer

- 1 cuillère à café de poudre de cumin et de coriandre en poudre
- 1 cuillère à café de curcuma et de poivre de Cayenne
- 2 cuillères à soupe de jus de citron
- 1 tasse de pommes de terre tranchées
- 1 tasse de fleurons de chou-fleur
- 1 tasse de poivron haché

Mélanger les farines, le bicarbonate de soude, la crème de tartre, le sel et les épices.

Incorporer graduellement l'eau et le jus de citron pour obtenir une pâte lisse de la consistance d'une crème épaisse. Mettre de côté.

Tremper les légumes dans la pâte pour les enrober. Plonger dans l'huile chaude, en tournant pour cuire uniformément, jusqu'à ce qu'ils soient dorés, environ 5 minutes. Retirer à l'aide d'une écumoire et égoutter sur du papier absorbant.

## 30. Beignets de panais et carottes

Rendement : 4 portions

**Ingrédient**

- 225 grammes de panais; râpé
- 2 carottes moyennes; râpé
- 1 oignon ; râpé
- 3 cuillères à soupe de ciboulette fraîche ciselée
- Sel et poivre noir fraîchement moulu
- 2 œufs moyens

- 
- ½ paquet de saucisses de porc

  100 grammes de Cheddar fort

- 40 grammes de farine nature

- 2 cuillères à soupe de persil frais haché

Mélanger les panais, les carottes, l'oignon, la ciboulette, l'assaisonnement et un œuf, jusqu'à homogénéité. Diviser en quatre, aplatir en crêpes grossières.

Faites chauffer une grande poêle et faites cuire les saucisses pendant 10 minutes en les retournant de temps en temps jusqu'à ce qu'elles soient dorées.

Pendant ce temps, ajouter les pancakes dans la poêle et faire revenir 3 minutes de chaque côté jusqu'à ce qu'ils soient dorés

Mélanger le reste des ingrédients pour former une pâte ferme et rouler en une grosse bûche. Couper en quatre. Hacher les saucisses et répartir entre les beignets. Garnir chacun d'une tranche de fromage.

Placer sous le gril préchauffé et cuire pendant 5 à 8 minutes jusqu'à ce qu'il bouillonne et fonde. Servir aussitôt garni de ciboulette et de chutneys.

# 31. Pommes frites/beignets de patatine

Rendement : 4 portions

**Ingrédient**

- 1 livres Pommes de terre Russet
- 4 pintes huile d'olive vierge
- Sel et poivre

Couper les pommes de terre en tranches de la taille d'un doigt de taille égale et les placer dans une nouvelle eau froide.

Chauffer l'huile à 385 F dans une casserole le double du volume d'huile

Ajouter les pommes de terre une poignée à la fois et cuire jusqu'à ce qu'elles soient dorées. Retirer et égoutter sur du papier, assaisonner de sel et de poivre et servir avec de la mayonnaise

## 32. Beignets de pommes de terre et noix

Rendement : 4 portions

**Ingrédient**

- 2 pommes de terre bouillies
- Le sel
- 2 gros oeufs
- ½ tasse de noix hachées
- Poivre fraîchement moulu
- 5 tasses d'huile végétale, pour la friture

Chauffer l'huile pour la friture à 360 degrés

Faire des beignets à partir du mélange mais ne pas les entasser dans l'huile. Faire frire 2-3 minutes ou jusqu'à ce qu'ils soient dorés de tous les côtés.

Transférer sur un plateau tapissé d'essuie-tout.

## 33. Beignets de citrouille

Rendement : 1 portion

**Ingrédient**

- 4 tasses de purée de citrouille cuite
- 2 oeufs
- 1 tasse de farine
- 1 pincée de sel
- 1 cuillère à café de levure chimique
- 2 cuillères à soupe de sucre
-

- 250 millilitres de sucre

  500 millilitres d'eau

- 500 millilitres de lait

- 30 millilitres de margarine

- 20 millilitres d'amidon de maïs mélangé à de l'eau

Mélanger tous les ingrédients, faire une pâte molle et faire frire des cuillerées dans de l'huile peu profonde jusqu'à ce que les deux côtés soient légèrement dorés.

Égoutter sur du papier et servir chaud avec du sucre à la cannelle ou de la sauce caramel.

## 34. Beignets d'épinards

Rendement : 4 portions

**Ingrédient**

- 1 livres épinards frais ou autre
- Légume de votre choix
- 3 gros oeufs
- 2 cuillères à soupe de lait
-

- 
- 1 cuillère à café de sel

    ½ cuillère à café de poivre

    2 cuillères à soupe d'oignon émincé

- 1 cuillère à soupe de céleri haché
- 1 cuillère à soupe de farine
- Huile de cuisson

Rincez bien les épinards, égouttez-les et hachez-les finement.

Séparez les œufs et battez les blancs jusqu'à ce qu'ils forment des pics mous.

Mélanger les jaunes d'œufs avec le lait, le sel, le poivre, l'oignon, le céleri et la farine. Incorporer les blancs d'œufs battus et les épinards en mélangeant bien.

Façonner en 8 galettes de 3 pouces et faire frire dans l'huile de cuisson jusqu'à ce qu'elles soient dorées.

# 35. Beignets de tofu frits

Rendement : 4 portions

**Ingrédient**

- 50 grammes de farine auto-levante
- Sel et poivre fraîchement moulu
- Huile végétale pour la friture
- 285g de tofu ; couper en morceaux
- 2 cuillères à soupe de sucre en poudre
- 2 cuillères à soupe de vinaigre de vin rouge
-

- 
    300 grammes de baies mélangées

    2 échalotes ; finement coupé en dés

Faire la salsa. Mettre le vinaigre et le sucre dans une casserole et chauffer doucement pour dissoudre le sucre. Ajouter les baies et les échalotes et pocher doucement pendant 10 minutes jusqu'à ce qu'elles ramollissent. Laisser refroidir.

Faire la pâte, mettre la farine dans un bol et incorporer progressivement l'eau.

Chauffer l'huile dans une poêle profonde jusqu'à ce qu'elle soit chaude. Tremper le tofu dans la pâte et faire frire pendant 1 à 2 minutes jusqu'à ce que la pâte soit croustillante.

# 36. Beignets de tomates

Rendement : 16 portions

**Ingrédient**

- 1⅓ tasse de tomates italiennes, épépinées, coupées en dés
- ⅔ tasse de courgettes, coupées en petits dés
- ½ tasse d'oignon, haché finement
- 2 cuillères à soupe de feuilles de menthe hachées
-

- 
- ½ tasse de farine tout usage cuillère à café de levure chimique

  ½ cuillère à café de sel
- ½ cuillère à café de poivre
- Pincée de cannelle
- Huile d'olive pour la friture

Mélanger les tomates en dés, les courgettes, l'oignon et la menthe dans un petit bol

Mélanger la farine, la poudre à pâte, le sel et le poivre et la cannelle dans un bol moyen. Incorporer les légumes aux ingrédients secs.

Chauffer l'huile d'olive dans une grande poêle antiadhésive et déposer la pâte par cuillerée à soupe arrondie dans l'huile. Cuire jusqu'à ce qu'ils soient dorés, environ 2 minutes de chaque côté.

Égoutter sur du papier absorbant, servir chaud.

### Beignets DE FRUITS

# 37. Beignets de pommes hollandais

Rendement : 4 portions

**Ingrédient**

- 8 grosses pommes pelées, épépinées
- 2 tasses de farine tout usage, tamisée
- 12 onces de bière
- ½ cuillère à café de sel
- Huile, saindoux ou shortening

  Sucre de confiserie

-

Trancher les pommes épluchées et épépinées ou les couper en rondelles à ⅓ Un pouce d'épaisseur.

Mélanger la bière, la farine et le sel au fouet, jusqu'à ce que le mélange soit lisse, puis tremper les tranches de pomme dans le mélange.

Faire frire dans de la graisse profonde ou dans 1 pouce d'huile dans une poêle épaisse à une température de friture de 370 °. Drainer

# 38. Beignets pomme-orange

Rendement : 18 portions

**Ingrédient**

- 1 tasse de lait
- 1 Orange, zeste et jus
- 1 œuf battu
- 1 tasse de pommes, hachées grossièrement
- 4 cuillères à soupe de margarine

- 3 tasses de farine à gâteau
- ¼ tasse) de sucre
- 2 cuillères à café de levure
- ½ cuillère à café de sel
- 1 cuillère à café de vanille

Battre l'oeuf. Dans un saladier, mélanger le lait, l'oeuf et la margarine fondue. Ajouter le jus d'orange, le zeste, les pommes hachées et la vanille.

Tamiser ensemble la farine, le sel, la levure chimique. Incorporer au mélange de lait avec une cuillère jusqu'à homogénéité.

Préchauffer l'huile dans une poêle à 350~. Déposer le bout de la cuillère à soupe dans l'huile chaude. Faire frire à un brun doré. Tournez pour qu'ils brunissent uniformément. Laisser refroidir.

# 39. Beignets de banane en pâte tempura

Rendement : 1 portion

## Ingrédient

- 5 bananes
- Farine pour draguer les bananes
- Huile végétale pour friture
- 1 oeuf
- 125 millilitres Farine tamisée
- 1/2 c. bicarbonate de soude
- Mon chéri

Mélanger les ingrédients de la pâte avec un fouet jusqu'à ce qu'ils soient un peu mousseux.

Couper les bananes en morceaux de 1 pouce / 2½ cm. Roulez-les dans la farine jusqu'à ce qu'elles soient légèrement enrobées.

Trempez quelques morceaux de banane dans la pâte et faitesles frire jusqu'à ce qu'ils soient dorés. Égoutter sur du papier absorbant. Faites en petites quantités jusqu'à ce qu'ils soient tous faits.

Chauffer le miel dans une casserole jusqu'à ce qu'il soit liquide et chaud; versez-le sur les bananes.

# 40. Beignets d'abricots

Rendement : 8 portions

**Ingrédient**

- 12 petits Abricots
- 12 Amandes entières
- 2 cuillères à soupe de rhum blanc
- ½ tasse de farine tout usage non blanchie
- ½ tasse de fécule de maïs

- 3 cuillères à soupe de sucre
- $\frac{1}{2}$ cuillère à café de sel

- $\frac{1}{2}$ cuillère à café de cannelle

- $\frac{1}{2}$ cuillère à café de levure chimique

- $\frac{1}{2}$ tasse d'eau ; plus
- 1 cuillère à soupe d'eau
- 3 cuillères à soupe de beurre fondu
- 1$\frac{1}{2}$ litre d'huile végétale ; pour la friture
- Sucre de confiserie

Placer les abricots dans un bol et saupoudrer les côtés fendus de rhum.

Pour la pâte, mélanger les ingrédients secs dans un bol et incorporer l'eau, puis le beurre fondu.

Avec une fourchette, tremper les abricots dans la pâte jusqu'à ce qu'ils soient bien dorés et que les abricots soient cuits

- 
- 

## 41. Beignets de banane Benya

Rendement : 1 portion

Ingrédient

- 1 paquet de levure
- 1 tasse d'eau chaude
- Du sucre
- dix    Bananes très molles
- 3 cuillères à soupe de cannelle

- 2 cuillères à soupe de noix de muscade
- 2½ livres de farine

  1½ livres de sucre

  Zeste d'orange râpé
- ¼ cuillère à café de sel

Ajouter la levure à l'eau chaude et saupoudrer d'un peu de sucre. Couvrir et laisser reposer pour commencer le processus de levée.

Écrasez soigneusement les bananes dans un grand bol à mélanger avec la levure. Ajouter la cannelle, la muscade, la farine, le sucre, le zeste d'orange râpé et le sel. Bien mélanger et laisser reposer une nuit. Le mélange augmentera et triplera en quantité.

Déposez par cuillerées dans la graisse profonde; frire jusqu'à coloration. Servir chaud ou froid

## 42. Beignets de langoustine et banane

Rendement : 1 portion

**Ingrédient**

- 4 Langoustines dodues
- 1 banane
- 8 onces Farine de maïs
- 8 onces de farine ordinaire

- 1 once de levure chimique
- 3½ cuillères à soupe de ketchup aux tomates

  pinte de vinaigre

  Sel et poivre

Mettre la farine de maïs, la farine, le sel et le poivre dans un saladier. Ajouter le ketchup et le vinaigre et fouetter pour obtenir une pâte lisse. Ajouter la levure chimique.

Faites chauffer une poêle ou une friteuse électrique à 175180C.

Épluchez les langoustines et nettoyez les intestins. Fendre les langoustines en deux et placer un morceau de banane au centre. Fixez avec un bâtonnet à cocktail. Tremper dans la pâte et faire frire.

- 
- 

## 43. Beignets de pêche en conserve

Rendement: 4 -5 portion

**Ingrédient**

- 1 boîte (29 oz) de pêches tranchées
- 1 tasse Farine tamisée AVANT de mesurer
- ½ cuillère à café de sel
- 1 cuillère à café de levure chimique
- 2 Des œufs; battu

- 1 cuillère à soupe de shortening fondu
- ½ tasse de lait entier

- Huile végétale

Égoutter les pêches et saupoudrer légèrement de farine. Tamiser la farine avec le sel et la levure chimique. Ajouter les œufs bien battus, le shortening fondu et le lait. Bien mélanger.

À l'aide d'une fourchette à long manche, tremper les fruits dans la pâte. Laisser l'excès de pâte s'égoutter.

Plonger les fruits dans l'huile chaude (375) et les faire frire 2-3 minutes ou jusqu'à ce qu'ils soient légèrement dorés

Égoutter sur du papier absorbant. Saupoudrer de sucre en poudre.

# 44. Beignets d'ananas des Caraïbes

Rendement : 1 portion

## Ingrédient

- 2 tasses d'ananas frais ; couper en morceaux
- 1 piment Habanero; épépiné et haché
- 5 ciboulette ; finement haché
- 1 oignon ; haché
- 2 gousses d'ail; en purée & émincé

- 
- 8 oignons verts; haché

  ½ cuillère à café de curcuma

- 1¼ tasse de farine

- ½ tasse de lait ; ou plus

- ½ tasse d'huile végétale; pour la friture

- 2 oeufs; battu

- Sel et poivre

- Anneaux d'ananas; Pour la garniture

Mélanger les sept premiers ingrédients ; mettre de côté.

Mélanger la farine, le lait, les œufs, le sel et le poivre et bien battre avec un batteur électrique. Après 4 heures, mélanger les fruits avec la pâte.

Faites chauffer l'huile végétale dans une poêle profonde. Déposez la pâte par cuillerées et faites frire pendant environ 5 minutes, ou jusqu'à ce qu'elles soient dorées.

Retirer les beignets et les égoutter sur du papier absorbant. Servir froid

## 45. Beignets de sureau

Rendement : 4 portions

**Ingrédient**

- 200 grammes de farine (1 3/4 tasses)
- 2 oeufs
- $\frac{1}{8}$ de litre de lait (1/2 tasse plus 1/2 cuillère à soupe)
- Petite pincée de sel
- 16 Fleurs de sureau avec tiges
- Sucre pour saupoudrer

- 
- 750 grammes de saindoux ou de shortening pour la friture

Avec un fouet, mélanger la farine, les œufs, le sel et le lait dans une pâte à crêpes. Rincez les fleurs de sureau plusieurs fois, puis séchez-les avec du papier absorbant.

Tremper brièvement les fleurs dans la pâte, puis faire frire jusqu'à ce qu'elles soient dorées. Saupoudrer de sucre et servir.

- 
- 

## 46. Beignets de fruits et légumes

Rendement : 1 portion

### Ingrédient

- 1 tasse de farine tout usage
- 1 cuillère à café de levure chimique
- 14 cuillères à café de sel
- 2 gros oeufs

- 2 cuillères à café de sucre
- ⅔ tasse de lait
- 1 cuillère à café d'huile de salade

  ½ cuillère à café de jus de citron

  Fruits mélangés
- Légumes mélangés

Tamiser ensemble la farine, la levure et le sel. Battre les œufs jusqu'à ce qu'ils soient légers et mousseux. Ajouter le sucre, le lait, l'huile et un filet de jus de citron; ajouter le mélange de farine et remuer juste assez longtemps pour humidifier. Ajoutez une pincée de cannelle à la farine lorsque vous préparez des beignets aux fruits.

FRUITS : Pommes : Peler, épépiner et couper en tranches de ½ pouce. Bananes : Couper en morceaux et saupoudrer de jus de citron et de sucre. Utiliser des conserves de pêches, d'ananas etc. en les égouttant ; saupoudrer très légèrement de farine avant de tremper dans la pâte.

LÉGUMES : Coupez-les en morceaux de taille égale pour que le temps de friture soit à peu près le même.

- 
- 

Faites chauffer l'huile dans une poêle profonde et faites cuire les beignets jusqu'à ce qu'ils soient légèrement dorés, puis égouttez-les sur du papier absorbant.

# 47. Beignets de fruits sauce citron-bourbon

Rendement : 32 portions

## Ingrédient

- ¾ tasse de farine tout usage
- ½ cuillère à café de levure chimique
- 1 œuf battu
- 1 cuillère à soupe de beurre ou de margarine, fondu
- ⅓ Sucrier
- 
-

- 
- 
    - 1 cuillère à soupe de fécule de maïs
    - ¾ tasse d'eau
    - 2 cuillères à soupe de beurre ou de margarine
    - 1 cuillère à café de vanille
- 4 Pommes, 4 poires, 4 bananes
- ¼ tasse de Bourbon
- Zeste de citron & 4 cuillères à café de jus de citron

Tamiser ensemble la farine, le sucre et la levure chimique.

Mélanger l'œuf, l'eau, le beurre et la vanille; incorporer aux ingrédients secs jusqu'à ce qu'ils soient juste mélangés.

Tremper les tranches de fruits dans la pâte; déposer dans l'huile chaude et faire frire jusqu'à ce qu'ils soient dorés des deux côtés.

SAUCE CITRON-BOURBON : Mélanger le sucre et la fécule de maïs dans une petite casserole; incorporer de l'eau. Cuire en remuant constamment jusqu'à ce que le mélange bout et épaississe. Incorporer le beurre. Ajouter le bourbon, le zeste et le jus de citron; bien mélanger.

# 48. Beignets de pommes espion du nord

Rendement : 15 portions

**Ingrédient**

- ¾ tasse de semoule de maïs jaune
- ½ tasse de farine tout usage
- 2 cuillères à soupe de levure chimique
- 6 cuillères à soupe de sucre
- 1 pincée de sel 1 oeuf
- 
-

- 
- 
    - ½ tasse de lait

    - 1½ tasse d'huile végétale pour la friture

    - 1 pomme Northern Spy, pelée

- 2 cuillères à soupe d'huile végétale

- Sucre de confiserie pour la garniture

Mélanger tous les ingrédients secs sauf le sucre glace

Ajouter les ingrédients liquides (à l'exception de 1 ½ tasse d'huile) un à la fois, en remuant entre les ajouts. Mélanger la pomme. Laisser reposer la pâte pendant 10 minutes.

Faites chauffer l'huile jusqu'à ce qu'elle crépite, pas tout à fait au point de fumer. Déposez la pâte dans l'huile et retirez-la sur une serviette en papier lorsqu'elle est dorée.

Saupoudrer de sucre glace et servir.

# 49. Beignets de banane à l'ananas

Rendement : 1 portion

**Ingrédient**

- 1⅓ tasse de farine tout usage
- 1½ cuillère à café de levure chimique à double action
- 3 cuillères à soupe de sucre cristallisé
- 1 cuillère à café de gingembre moulu
- 
-

- 
-
    - ¾ tasse d'ananas frais haché; drainé
    - ¾ tasse de banane hachée
    - ½ tasse de lait
    - 1 œuf large; battu légèrement
- Huile végétale pour friture
- Sucre de confiserie pour saupoudrer le

Tamisez ensemble la farine, la levure chimique, le sucre semoule, le gingembre et une pincée de sel.

Dans un bol, bien mélanger l'ananas, la banane, le lait et l'œuf, ajouter le mélange de farine et remuer la pâte jusqu'à ce qu'elle soit combinée.

Déposez la pâte par cuillerées à soupe dans l'huile par lots et faites frire les beignets en les retournant pendant 1 à 1 ½ minutes, ou jusqu'à ce qu'ils soient dorés.

Transférer les beignets à l'aide d'une écumoire sur du papier absorbant pour les égoutter et tamiser le sucre glace dessus.

# 50. Beignets de poires pochées

Rendement : 1 portion

**Ingrédient**

- 1 recette de biscuits traditionnels au babeurre
- Huile végétale
- 1 port bouteille
- 1 tasse d'eau
- 
-

- 
- 
- 1 bâton de cannelle
- 3 clous de girofle entiers
- ½ cuillère à café de muscade
- 1 pincée de masse

- 4 poires ; épluché

Mettre les ingrédients dans une casserole et porter à ébullition ajouter les poires. Faire bouillir jusqu'à ce que les poires soient légèrement pochées 15 à 20 minutes.

Une fois refroidies, retirer les poires et filtrer les liquides, remettre dans la casserole et porter à ébullition. Réduire de moitié et retirer du feu. Couper les poires en quartiers en enlevant les graines.

Rouler la pâte deux fois la longueur de la largeur des poires et aussi longtemps que vous pouvez l'obtenir de $\frac{1}{8}$ à $\frac{1}{4}$ de pouce d'épaisseur. Placer les poires sur la pâte, replier la pâte sur le dessus et couper avec une roulette à pâtisserie. Répétez jusqu'à ce que la pâte et les poires soient toutes utilisées.

Cuire des biscuits.

**FRITETS DE FRUITS DE MER**

- 
- 

## 51. Beignets de poisson-chat

Rendement : 8 portions

**Ingrédient**

- 1½ tasse de farine tout usage
- 1 cuillère à café sel poivre
- 2 œufs moyens
- 3 cuillères à soupe de beurre non salé ; fondu, refroidi

- 1 tasse de lait entier

  ½ livres Morue salée

  1 piment de chaque, piquant; ensemencé
- 2 échalotes chacune ; haché fin
- 1 chacun Gousses d'ail; écrasé
- 1 cuillère à soupe de persil ; haché
- ½ cuillère à café de thym
- 1 baie de piment de la Jamaïque ; terre

Tamiser la farine et le sel dans un bol. Battre les œufs avec le beurre et ajouter au mélange de farine. Ajouter le lait progressivement, en remuant seulement pour mélanger. Ajouter plus de lait si la pâte est trop ferme.

Piler le poisson au mortier avec du piment

Ajouter les oignons verts, l'ail, le persil, le thym, le piment de la Jamaïque et le poivre noir au goût. Incorporer à la pâte

Chauffer l'huile et faire frire le mélange en entassant des cuillères à soupe jusqu'à ce qu'il soit doré.

## 52. Beignets de morue

Rendement : 14 beignets

Ingrédient

- ½ livres Morue salée séchée, cuit et râpé
- Huile végétale pour la friture
- 1½ tasse de farine tout usage non tamisée
- ½ cuillère à café de levure chimique
- ½ cuillère à café de poivre noir concassé

- ¼ cuillère à café de sel

- 2 gros blancs d'oeufs

  2 gousses d'ail écrasées

  2 cuillères à soupe de feuilles de coriandre fraîche hachées

Dans un grand bol, mélanger la farine, la poudre à pâte, le poivre noir concassé et le sel.

Dans un petit bol, battre les blancs d'œufs jusqu'à consistance mousseuse-ajouter les blancs d'œufs battus et l'eau au mélange de farine pour créer une pâte. Ajouter la morue salée râpée, l'ail et les feuilles de coriandre fraîche hachées; remuer jusqu'à ce que le tout soit bien mélangé.

Par lots, déposez des cuillerées à soupe combles de pâte dans l'huile chaude et faites frire 12 minutes.

Égoutter sur du papier absorbant et servir chaud sur une assiette de service; garnir de coriandre.

- 
- 

## 53. Beignets de poisson et chair de crabe

Rendement : 1 portion

Ingrédient

- 12 onces de morue fraîche ou congelée
- 6 onces Simili crabe
- 2 Des œufs; battu
- 1/2 tasse de farine
- 1 oignon vert; haché finement

- ½ cuillère à café de zeste de citron finement râpé
- 1 cuillère à café de jus de citron

    1 gousses d'ail; écrasé

    ¼ cuillère à café de sel

- ½ cuillère à café de poivre
- Huile de cuisson

Dans un récipient de mélangeur ou un bol de robot culinaire, mélanger le crabe de poisson, les œufs, la farine, l'oignon, le zeste de citron, le jus de citron, l'ail, le sel et le poivre. Couvrir et mélanger jusqu'à consistance lisse.

Huiler légèrement la poêle et chauffer

Verser environ ¼ tasse de pâte dans la poêle et étendre en une galette de 3 pouces de diamètre

Cuire 3 minutes de chaque côté ou jusqu'à ce qu'ils soient dorés

- 
- 

## 54. beignets de palourdes et de maïs

Rendement : 1 portion

Ingrédient

- 2 Oeufs bien battus
- ¼ tasse de liquide de palourdes
- tasse de lait
- 1 cuillère à soupe d'huile

- 1½ tasse de farine

- 1 cuillère à café de levure chimique Sel au goût

    1 tasse de maïs en grains bien égoutté

    ½ tasse de palourdes hachées bien égouttées

Battre les œufs; ajouter le lait, le liquide des palourdes, l'huile et battre jusqu'à homogénéité.

Incorporer la farine, la poudre à pâte et le sel au goût. Battre jusqu'à ce que le tout soit bien mélangé. Ajouter le maïs et les palourdes. Déposer par cuillères à soupe bien arrondies dans l'huile chaude. Cuire jusqu'à ce qu'il soit doré des deux côtés. Égoutter sur du papier absorbant.

- 
- 

## 55. Beignets de conque

Rendement : 50 portions

**Ingrédient**

- 2 livres Conque, hachée finement
- 1 tasse de jus de citron vert
- ¼ tasse d'huile d'olive
- 1 poivron vert

- 1 poivron rouge

- 1 gros oignon, haché fin

    4 Des œufs, battu

    2 tasses de farine

- 1 cuillère à café de sel

- 1 cuillère à café d'assaisonnement cajun

- 6 tirets sauce Tabasco

- 3 cuillères à café de levure chimique

- 5 cuillères à soupe de margarine, fondue

- Huile végétale pour la friture

Faites passer le marché aux poissons dans un attendrisseur. Faire mariner la conque dans 1 tasse de jus de lime et tasse d'huile d'olive pendant au moins 30 minutes; drainer.

Mélanger tous les ingrédients ensemble. Faire frire dans l'huile végétale CHAUDE jusqu'à ce qu'ils soient dorés, environ 3 à 5 minutes. Servir avec une sauce cocktail rouge ou une sauce tartare.

- 
- 

## 56. Beignets de palourdes en conserve

Rendement : 12 portions

## Ingrédient

- 1 oeuf; bien battu
- ½ cuillère à café de sel
- ⅛ cuillère à café de poivre noir
- ⅔ tasse de farine de blé blanche
- 1 cuillère à café de levure chimique

- ¼ tasse de bouillon de palourdes ou de lait en conserve 1 cuillère à soupe de beurre; fondu

  1 tasse de palourdes en conserve hachées ; drainé
- Huile ou beurre clarifié
- ¼ tasse de crème sure ou de yaourt
- 1 cuillère à café d'aneth ; estragon ou thym

Mélanger délicatement tous les ingrédients ensemble, en ajoutant les palourdes en dernier. Déposez 2 cuillerées à soupe combles par beignet sur une plaque chauffante graissée chaude ou une poêle en fer.

Lorsque les bulles éclatent, retournez les beignets.

Servir chaud avec une cuillerée de crème sure aux herbes, du yogourt ou de la sauce tartare.

- 
- 

## 57. Beignets de crabe et avocat

Rendement : 4 portions

### Ingrédient

- 2 livres  La chair de crabe
- Le sel
- 1 tasse d'oignons verts en dés
- $\frac{1}{4}$ tasse de chapelure sèche
- 1 avocat moyen, pelé et coupé

- Huile de maïs pour la friture
- Farine tout usage

  Oignon vert émincé

  2 oeufs
- ½ tasse de salsa au piment fort

Mélanger le crabe, 1 tasse d'oignons verts et l'avocat dans un grand bol. Mélanger les œufs, la salsa et le sel; ajouter au crabe. Mélanger à la chapelure. Façonner le mélange en boules de 1½ pouce.

Verser l'huile dans une grande poêle à une profondeur de 3 pouces.

Chauffer à 350 degrés

Saupoudrer les beignets de farine. Ajouter soigneusement à l'huile par lots (ne pas trop encombrer) et cuire jusqu'à ce qu'il soit doré, environ 2 minutes de chaque côté.

Égoutter sur du papier absorbant. Transférer sur la plaque préparée et garder au chaud au four jusqu'à ce que tout soit cuit. Garnir de lamelles d'oignons verts et servir aussitôt

- 
- 

## 58. Beignets d'écrevisses

Rendement : 6 portions

### Ingrédient

- 1 tasse de queues d'écrevisses
- ¼ tasse de piments, hachés
- ¼ tasse d'oignons verts, hachés
- 2 tasses de farine

- 1 cuillère à café de bicarbonate de soude
- ½ cuillère à café de sel

  ½ cuillère à café d'ébullition de crabe liquide

  ½ tasse de bouillon ou d'eau
- huile de friture

Ajouter les piments et les oignons verts aux écrevisses. Tamiser la farine, le bicarbonate de soude et le sel ensemble et ajouter aux écrevisses. Ajouter du bouillon ou de l'eau et mélanger pour obtenir une pâte épaisse. Couvrir et laisser reposer ½ heure.

Déposer la pâte par cuillerées et faire frire jusqu'à coloration dorée

- 
- 

## 59. Beignets de palourdes

Rendement : 4 portions

**Ingrédient**

- 1 pinte de palourdes
- 1 cuillère à soupe de levure chimique
- 1½ cuillère à café de sel
- 1 tasse de lait

- 1 cuillère à soupe de beurre

- 1¾ tasse de farine tout usage

  1 cuillère à café de persil, haché

  2 ufs battus

- 2 cuillères à café d'oignon, râpé

Mélanger les ingrédients secs. Mélanger les œufs, le lait, l'oignon, le beurre et les palourdes. Mélanger avec les ingrédients secs et remuer jusqu'à consistance lisse. Déposez la pâte en utilisant des cuillerées à thé dans le shortening chaud à 350 degrés F et faites frire pendant 3 minutes, ou jusqu'à ce qu'elles soient dorées.

Égoutter sur du papier absorbant.

- 
- 

## 60. Beignets indonésiens de crevettes au maïs

Rendement : 6 portions

### Ingrédient

- 3 Épis gratté et haché grossièrement
- ½ livres Crevettes moyennes décortiquées et déveinées,
- 1 cuillère à café d'ail haché
- ½ tasse d'échalotes finement hachées ou : Oignons verts
- 1 cuillère à café de coriandre moulue

- cuillère à café de cumin moulu
- 2 cuillères à soupe    Feuilles de coriandre hachées
- 2 cuillères à soupe    Farine

   1 cuillère à café de sel

   2 œufs battus
- Huile d'arachide ou végétale pour la poêle
- sauce chili pour tremper

DANS UN GRAND BOL, mélanger le maïs, les crevettes, l'ail, les oignons verts, la coriandre moulue, le cumin, les feuilles de coriandre, la farine, le sel et les œufs. Chauffer une fine couche d'huile dans une poêle à feu moyen-élevé. Verser $\frac{1}{4}$ tasse de mélange de maïs dans le moule. Ajoutez-en autant que possible dans la poêle avec un espace de $\frac{1}{2}$ pouce entre les beignets.

Faire frire jusqu'à ce qu'ils soient dorés et croustillants; tour. Cuire environ 1 minute de chaque côté. Retirer et égoutter sur du papier absorbant. Garder au chaud pendant la friture des beignets restants.

- 
- 

## 61. Beignets de courge spaghetti à l'italienne

Rendement : 4 portions

**Ingrédient**

- 2 Des œufs
- ½ tasse de fromage ricotta partiellement écrémé
- 1 once de parmesan râpé
- 3 cuillères à soupe de farine
- ½ cuillère à café de levure chimique

- 2 cuillères à café Vég. huile

- cuillère à café d'ail en poudre

  ½ cuillère à café d'origan séché cuillère

  à café de basilic séché

- 1 cuillère à soupe de flocons d'oignons émincés

- 2 tasses de spaghettis cuits

Dans le récipient du mélangeur, mélanger tous les ingrédients, sauf les spaghettis. Mélanger jusqu'à consistance lisse. Ajouter des spaghettis

Verser le mélange sur une poêle antiadhésive préchauffée ou une plaque chauffante vaporisée de Pam. Cuire à feu moyen jusqu'à coloration des deux côtés, en retournant soigneusement.

SAUCE : Mélanger une boîte de 8 onces de sauce tomate, ¼ cuillère à café d'origan séché, ⅛ cuillère à café de poudre d'ail, ¼ cuillère à café de basilic séché dans une petite casserole. Chauffer jusqu'à ce qu'il soit chaud et bouillonnant

Servir sur des beignets.

- 
- 

## 62. Beignets de homard

Rendement : 1 portion

**Ingrédient**

- 1 tasse de homard haché
- 2 oeufs
- ½ tasse de lait
- 1¼ tasse de farine
- 2 cuillères à café de levure

- Sel et poivre au goût

Chauffer la graisse profonde jusqu'à ce qu'un cube de pain brunisse en soixante secondes. Pendant que la graisse chauffe, battre les œufs jusqu'à ce qu'ils soient légers. Ajouter le lait et la farine tamisés avec la levure chimique, le sel et le poivre, puis incorporer le homard haché.

Déposer par petites cuillerées dans la graisse, faire frire jusqu'à coloration dorée. Égoutter sur du papier brun à four chaud. Servir avec une sauce au citron rapide.

# 63. Beignets de moules à la salsa

Rendement : 4 portions

Ingrédient

- 8 Moules à coquille verte; hors de la coquille
- 6 gros œufs ; légèrement battu
- 50 millilitres Double crème
- 10 millilitres de pâte de poisson
- 2 cuillères à soupe de polenta
- 50 grammes Oignons de printemps; découpé en tranches

- 400 grammes de Kumera; bouilli puis épluché
- 1 petit oignon rouge; épluché et tranché
- 20 millilitres de jus de citron vert frais
- 2 Nashi ; noyau retiré et
- 30 ml d'huile d'olive extra vierge

Couper les moules en quartiers puis les mélanger dans un bol avec les œufs, la crème, le nam pla, la polenta et la moitié de la ciboule. Incorporer enfin le kumera.

Mélanger tous les autres ingrédients pour faire la salsa, y compris les oignons de printemps restants, et laisser reposer pendant 30 minutes.

Faites chauffer une poêle et badigeonnez d'huile, puis faites 4 gros ou 8 petits beignets. Cuire jusqu'à ce qu'il soit doré d'un côté puis retourner et cuire l'autre côté.

# 64. Beignets de poulpe

Rendement : 8 portions

**Ingrédients:**

- 2 poulpes d'environ 1 1/2 poand chacun
- 1 cuillère à café de sel
- 2 pintes L'eau
- 2 pintes Eau glacée avec de la glace
- 2 oignons moyens, pelés et émincés
- 2 œufs battus

- 1 tasse de farine ou plus au besoin
- Sel et poivre au goût
- huile de friture

Déposez le poulpe dans une grande bouilloire avec de l'eau salée bouillante rapidement. Cuire à feu moyen-élevé pendant environ 25 minutes. Égoutter et plonger dans un bol rempli de glace et d'eau glacée. Avec un pinceau grossier, grattez la peau violette. Couper les pattes et hacher finement.

Jeter les têtes. Dans un bol, mélanger les oignons, les œufs, la farine, le sel et le poivre. Ajouter le poulpe haché et bien mélanger. Façonner le mélange en galettes plates de $2\frac{1}{2}$ à 3 pouces. Faites chauffer environ $\frac{1}{2}$ pouce d'huile dans une grande poêle à fond épais et faites frire les beignets de poulpe jusqu'à ce qu'ils soient bien dorés de chaque côté. Sers immédiatement.

# 65. Beignets de crevettes

Rendement : 8 portions

## Ingrédient

- ½ tasse de lait
- ½ tasse de farine auto-levante
- 1 tasse de crevettes crues ; haché
- 1 tasse de riz cuit
- 1 oeuf
- ½ tasse d'oignons verts ; haché

- Sel et poivre au goût

Mélanger tous les ingrédients ensemble. Déposer par cuillère à café dans l'huile de cuisson chaude et faire frire en brun doré. Faire petit et servir en apéritif.

## 66. Beignets de maïs aux huîtres

Rendement : 1 portion

**Ingrédient**

- 2 tasses de pulpe de maïs
- 2 œufs, séparés
- ¼ cuillère à café de poivre
- 2 cuillères à soupe de farine
- ½ cuillère à café de sel

Du maïs en conserve ou frais peut être utilisé. À la pulpe de maïs, ajoutez les jaunes d'œufs battus, la farine et l'assaisonnement. Ajouter les blancs d'œufs battus en neige et mélanger.

Déposer par cuillerées de la taille d'une huître sur une poêle bien chaude beurrée et faire dorer. Source : Pennsylvania Dutch Cook Book - Fine Old Recipes, Culinary Arts Press, 1936.

# 67. Beignets de thon

Rendement : 3 portions

**Ingrédient**

- 1 tasse de farine
- 1 cuillère à café de levure chimique
- ½ cuillère à café de sel
- 2 oeufs
- tasse de lait

- 1 boîte de thon, égoutté et émietté
- 6 1/2 ou 7 onces. Taille
- Flocons d'oignons séchés
- huile de friture

Tamiser la farine, la levure et le sel dans un saladier. Bien battre les œufs. Battre dans le lait. Mélanger les ingrédients liquides avec les ingrédients secs.

Remuer jusqu'à ce que toute la farine soit humidifiée. Incorporer le thon. Déposer par cuillerées à thé dans l'huile chaude, à 375 degrés. Faire frire jusqu'à ce qu'ils soient dorés de tous les côtés. Égoutter sur du papier absorbant.

# Beignets AU FROMAGE

## 68. Beignets au fromage de Bâle

Rendement : 1 portion

**Ingrédient**

- 4 tranches de pain
- 1 once de beurre
- 3 oignons
- 4 tranches de gruyère
- Paprika

Faire revenir le pain légèrement des deux côtés dans du beurre et le disposer sur une plaque à pâtisserie. Versez de l'eau bouillante sur les oignons finement hachés et laissez reposer un moment. Vider l'eau et faire revenir les oignons dans les restes de beurre jusqu'à ce qu'ils soient tendres.

Étaler finement les oignons sur le pain et recouvrir chaque tranche d'une tranche de fromage.

Saupoudrer de paprika et cuire au four très chaud (445 degrés F/thermostat 8) jusqu'à ce que le fromage fonde. Servir de suite.

# 69. Beignets d'herbes avec trempette au yaourt et aux abricots

Rendement : 6 portions

## Ingrédient

- 3 Des œufs; légèrement battu
- 150 grammes de Mozzarella ; râpé
- 85 grammes de parmesan fraîchement râpé
- 125 grammes de chapelure fraîche
- ½ oignon rouge; haché finement
- ¼ cuillère à café de flocons de piment rouge

- 2 cuillères à soupe de marjolaine fraîche
- 2 cuillères à soupe de ciboulette hachée grossièrement
- 5 cuillères à soupe de persil plat haché
- 1 poignée de feuilles de roquette ; haché grossièrement
- 1 poignée de pousses d'épinards ; haché
- Sel et poivre & huile de tournesol
- Yaourt grec en pot de 500 grammes
- 12 Abricots secs prêts à consommer; finement coupé en dés
- 2 gousses d'ail & menthe fraîche hachée

Mélanger les ingrédients du beignet, à l'exception de l'huile et du beurre, jusqu'à consistance épaisse et assez solide. Lier avec de la chapelure si humide.

Mélanger les ingrédients de la sauce juste avant utilisation. Versez 1 cm/½" d'huile dans une poêle, ajoutez le beurre et faites chauffer jusqu'à consistance trouble.

Mouler des beignets de forme ovale en appuyant fermement avec la main pour les compacter. Faire frire dans l'huile pendant 2-3 minutes jusqu'à ce qu'ils soient croustillants.

# 70. Beignets au fromage de Berne

Rendement : 1 portion

## Ingrédient

- 8 onces Gruyère râpé
- 2 oeufs
- 2½ once liquide de lait
- 1 cuillère à café de Kirsch
- Graisse pour la friture
- 6 tranches de pain

Mélanger le fromage râpé avec les jaunes d'œufs, le lait et le Kirsch. Incorporer les blancs d'œufs battus et étaler le mélange sur le pain.

Faites chauffer la graisse dans une grande poêle et placez le pain, côté fromage vers le bas, dans la graisse chaude

Lorsque les tranches deviennent dorées, retournez-les et faites-les frire brièvement de l'autre côté.

# 71. Beignets de haricots, maïs et cheddar

Rendement : 5 portions

**Ingrédient**

- ½ tasse de semoule de maïs jaune
- ½ tasse de farine blanche non blanchie
- ½ cuillère à café de levure chimique
- Dash Cumin moulu, cayenne, sel et poudre de chili
- ½ tasse de lait
- 1 jaune d'oeuf et 2 blancs d'oeuf

- 1 tasse de haricots noirs ; cuit
- 1 tasse de fromage cheddar fort
- ½ tasse de maïs frais ; ou grains de maïs surgelés
- 2 cuillères à soupe de coriandre; frais émincé
- Poivron rouge et piments verts, rôtis

Mélanger la semoule de maïs, la farine, la poudre à pâte, le sel, la poudre de chili, le cumin et le poivre de Cayenne dans un bol de taille moyenne.

Battre le lait avec le jaune d'œuf et l'ajouter aux ingrédients secs en mélangeant bien. Incorporer les haricots, le fromage, le maïs, la coriandre, le poivron rouge et les piments verts. Incorporer délicatement les blancs d'œufs.

Chauffer ½ tasse d'huile dans une poêle de 10 pouces à feu moyen-élevé. Verser environ ¼ de tasse de pâte pour chaque beignet et faire frire jusqu'à ce qu'ils soient dorés.

# 72. Beignets de mozzarella et spaghettis

Rendement : 2 portions

**Ingrédient**

- 2 gousses d'ail
- 1 petit bouquet de persil frais & 3 oignons de salade
- 225 grammes de porc haché maigre
- Parmesan fraîchement râpé et mozzarella fumée
- 150 grammes de spaghettis ou tagliatelles
- 100 millilitres de bouillon de boeuf chaud
- 400 grammes de tomates concassées

- 1 pincée de sucre et 1 trait de sauce soja ● Sel et poivre
- 1 œuf et 1 cuillère à soupe d'huile d'olive
- 75 millilitres de lait
- 50 grammes Farine ordinaire; plus extra pour le dépoussiérage

Mélanger l'ail, les oignons à salade, l'ail, le parmesan, le persil et beaucoup de sel et de poivre. Former huit boules fermes. Faites chauffer l'huile dans une grande poêle et faites cuire les boulettes de viande. Verser le bouillon.

Cuire les tomates concassées, le sucre, le sel et le poivre et les ajouter aux boulettes de viande

Battre l'huile, le lait, la farine et un peu de sel dans le jaune pour faire une pâte épaisse et lisse. Trancher finement la mozzarella, puis saupoudrer de farine. Ajouter les jaunes d'œufs et incorporer les blancs d'œufs battus.

Tremper les tranches de mozzarella farinées dans la pâte et cuire pendant deux minutes de chaque côté jusqu'à ce qu'elles soient croustillantes et dorées.

## 73. Beignets à l'emmental

Rendement : 1 personne

**Ingrédient**

- 1 grande tranche de pain
- 1 tranche de jambon
- 1 cuillère à soupe de beurre
- 1 tranche d'Emmenthal
- Sel poivre
- 1 oeuf

Faire griller légèrement le pain. Faire revenir brièvement le jambon, le déposer sur du pain, couvrir de fromage et assaisonner. Placer dans un four assez chaud et laisser fondre le fromage, ou dans une poêle à frire couverte sur le dessus de la cuisinière. Au dernier moment, garnir le fromage d'un œuf au plat.

## 74. Beignets de cheddar à la semoule de maïs

Rendement : 1 portion

### Ingrédient

- 1 tasse de semoule de maïs
- 1 tasse de cheddar fort râpé
- ½ tasse d'oignon râpé
- ¼ tasse de poivron rouge haché
- 1 cuillère à café de sel
- Cayenne, au goût

- tasse d'eau bouillante

Huile végétale pour la friture

Sauce piquante de style Louisiane, par exemple la marque Crystal

Dans un bol, mélanger la semoule de maïs, le Cheddar, l'oignon, le poivron, le sel et le poivre de Cayenne.

Incorporer l'eau bouillante et bien mélanger. Dans une poêle profonde ou une friteuse, chauffer 3 pouces d'huile végétale à 350 F. Déposer 6 cuillerées de pâte dans l'huile et faire frire pendant 2-3 minutes ou jusqu'à ce qu'elles soient dorées.

- 
- 

## 75. Beignets de camembert

Rendement : 10 portions

**Ingrédient**

- 3 cuillères à soupe de beurre/margerine
- 3 cuillères à soupe de farine tout usage
- 1 tasse de lait
- 4 onces Le camembert
- Sel au goût

- Piment de Cayenne au goût

- 1 œuf large

  1 cuillère à soupe de beurre/margarine

  ½ tasse de chapelure fine

Faire fondre le beurre dans une casserole à fond épais. Chauffer. Incorporer rapidement la farine. Ajouter le lait petit à petit en remuant bien. Porter à ébullition, ajouter le fromage à la sauce et remuer jusqu'à ce qu'il soit fondu. Ajouter du sel et du poivre de Cayenne au goût.

Étaler le mélange sur ¾ de pouce d'épaisseur sur une plaque à pâtisserie. Couper le mélange de fromage en carrés.

Battre les œufs avec l'eau. Rouler les morceaux de fromage dans la chapelure, puis les tremper dans le mélange d'œufs. Roulez-les à nouveau dans les miettes et secouez les miettes en excès.

Déposez les morceaux de fromage quelques-uns à la fois dans l'huile. Faites frire jusqu'à ce qu'ils soient dorés.

- 
- 

## 76. Beignets chou-fleur-cheddar

Rendement : 24 portions

**Ingrédient**

- 1½ tasse de farine tout usage
- 2 cuillères à café de levure
- ½ cuillère à café de sel
- 2 tasses de chou-fleur en dés
- 1 tasse de fromage cheddar râpé

- 1 cuillère à soupe d'oignon en dés

- 1 œuf large

    1 tasse de lait

    Huile végétale

Mélanger les 3 premiers ingrédients dans un grand bol; incorporer le chou-fleur, le fromage et l'oignon.

Battre ensemble l'oeuf et le lait. Ajouter au mélange de farine, en fouettant jusqu'à ce qu'il soit humecté.

Verser l'huile végétale à une profondeur de 2 pouces dans un faitout; chauffer à 375 degrés F. Déposer la pâte par cuillerées à soupe arrondies dans l'huile et faire frire 1 minute de chaque côté ou jusqu'à ce que les beignets soient dorés. Bien égoutter sur du papier absorbant et servir immédiatement.

- 
- 

## 77.Beignets de pommes de terre farcis au fromage

Rendement : 5 portions

### Ingrédient

- 2 livres de pommes de terre au four, cuites
- ⅓ tasse Beurre ramolli
- 5 jaune d'oeuf
- 2 cuillères à soupe de persil
- 1 cuillère à café de sel

- ½ cuillère à café de poivre
- Pincée de muscade

  4 onces de fromage mozzarella

  Farine tout usage
- 2 gros œufs, légèrement battus
- 1½ tasse de chapelure italienne

Mélanger les pommes de terre et le beurre dans un grand bol à mélanger; battre à vitesse moyenne avec un batteur électrique jusqu'à consistance lisse. Ajouter les jaunes et les 4 ingrédients suivants en remuant bien. Diviser le mélange de pommes de terre en 10 portions. Enrouler chaque portion autour d'une tranche de fromage; façonner un ovale.

Saupoudrer légèrement chacun de farine; tremper dans l'œuf battu et enrober de chapelure italienne. Réfrigérer 20 minutes.

Verser l'huile à une profondeur de 4 pouces dans un faitout Chauffer à 340 degrés. Faire frire les beignets quelques-uns à la fois, 8 minutes, en les retournant une fois.

## 78. Beignets de poires et cheddar

Rendement : 1 portion

### Ingrédient

- 4 poires moyennes Bartlett; épluché
- 16 tranches    Fromage cheddar fort
- ½ tasse de farine tout usage
- 2 gros œufs ; battu pour mélanger
- 2 tasses de chapelure blanche fraîche

Couper 3 fines tranches verticales des côtés opposés de chaque poire; jeter les noyaux.

En alternant les tranches de poire et de fromage, placer 2 tranches de fromage entre 3 tranches de poire pour chacun des 8 beignets. En tenant fermement chaque sandwich fromagepoire, enrober légèrement de farine, puis d'œufs, puis de chapelure, enrober complètement et presser la chapelure pour qu'elle adhère.

Verser l'huile dans une grande poêle épaisse jusqu'à une profondeur de 1 pouce et chauffer à 350F. Cuire les beignets par lots jusqu'à ce qu'ils soient dorés, en les retournant avec une écumoire, environ 2 minutes de chaque côté. Égoutter sur du papier absorbant.

# 79. Beignets de ricotta et châtaignes avec bagna cauda

Rendement : 4 portions

## Ingrédient

- 1 tasse de ricotta fraîche
- 3 gros oeufs
- ½ tasse de fromage Parmigiano-Reggiano
- ¼ tasse de farine de châtaigne
- 1 tasse de châtaignes grillées finement hachées
- 1 boîte Filets d'anchois

- 6 gousses d'ail; haché finement
- ½ tasse d'huile d'olive extra vierge
- 6 cuillères à soupe de beurre non salé
- 1 litre d'huile d'olive pure

Dans un grand bol, mettre le fromage ricotta, 2 œufs et ½ tasse de Parmigiano-Reggiano et bien mélanger. Avec vos mains, mélanger la farine de châtaigne jusqu'à ce qu'une pâte lisse semblable à un biscuit se forme

Dans un petit bol, battre l'oeuf restant. Prenez une petite quantité du mélange de ricotta et faites une boule de 2 pouces. Couvrir délicatement la boule avec l'œuf battu et pendant qu'elle est encore humide, la draguer dans les châtaignes hachées

Pendant ce temps, mélanger les anchois avec leur jus, l'ail et ½ tasse d'huile d'olive dans une petite casserole et remuer à feu moyen. Écraser les anchois en une pâte. Incorporer le beurre 1 cuillère à soupe à la fois jusqu'à ce qu'il soit fondu et lisse

Faire frire les boules de ricotta dans l'huile chaude jusqu'à ce qu'elles soient dorées

# 80. Beignets au fromage du Waadtland

Rendement : 1 portion

**Ingrédient**

- 4 tranches de pain grillé, chacune de 1 3/8 pouces d'épaisseur
- 2½ once liquide vin blanc
- 5½ onces Fromage Gruyère, râpé
- 1 oeuf
- Paprika
- Poivre

Mouiller les tranches de pain grillé avec un peu de vin et les disposer sur une plaque à pâtisserie. Mélanger le reste du vin avec le fromage, l'œuf et les épices en une pâte assez épaisse et étaler sur les toasts. Saupoudrer de plus de paprika et de poivre. Cuire brièvement dans un four très chaud (445 degrés F/thermostat 8) jusqu'à ce que le fromage commence à fondre, servir immédiatement.

# Beignets DE VIANDES ET DE VOLAILLES

## 81. Beignets de poulet

Rendement : 6 portions

**Ingrédient**

- 20 -minutes de temps de préparation
- 2 tasses de poulet ; cuit finement haché
- 1 cuillère à café de sel
- 2 cuillères à café de persil frais haché

- 1 cuillère à soupe de jus de citron
- 1 tasse de moutarde sèche
- 1 tasse de vinaigre de vin blanc
- 2 Œuf; minutes battues temps de cuisson
- $1\frac{1}{4}$ tasse de farine
- 2 cuillères à café de levure
- $\frac{2}{3}$ tasse de lait
- $\frac{3}{4}$ tasse de miel
- $\frac{1}{4}$ cuillère à café de sel

Dans un grand bol, mélanger le poulet avec le sel, le persil et le jus de citron. Laisser reposer 15 minutes. Dans un autre grand bol, mélanger la farine, la poudre à pâte, l'œuf et le lait. Remuer pour bien mélanger.

Ajouter le mélange de farine au poulet et bien mélanger.

Déposer la pâte par cuillères à soupe dans l'huile chaude et faire frire par lots sans trop de foule pendant 2 minutes, jusqu'à ce qu'elle soit dorée. Égoutter sur du papier absorbant et servir avec de la moutarde au miel pour tremper.

Préparer les instructions de moutarde au miel

# 82. Beignets de boeuf en morceaux

Rendement : 5 portions

## Ingrédient

- 2 livres Rôti de boeuf cuit non assaisonné
- 6 cuillères à soupe de lait
- 1 cuillère à soupe de farine tout usage non blanchie
- 3 de chaque gros œufs, battus
- 1½ tasse de farine autolevante
- 4 cuillères à café de sel

- $\frac{1}{4}$ cuillère à café de poivre

Mélanger le lait et la farine; incorporer aux œufs. Mélanger la farine auto-levante, le sel et le poivre.

Tremper les morceaux de rosbif dans le mélange d'œufs et les draguer dans le mélange de farine.

Faire frire dans la graisse profonde chaude jusqu'à ce qu'ils soient dorés et bien chauds. Égoutter sur du papier absorbant et servir chaud.

## 83. Beignets d'oeufs aux haricots verts et macaronis

Rendement : 6 portions

**Ingrédient**

- 1 livres Haricots verts, bouilli
- ½ livres Macaroni ou ziti
- ¾ tasse de chapelure, non aromatisée

- ½ cuillère à café d'ail, haché finement
- Persil haché
- Sauce marinara
- 6 cuillères à soupe de parmesan, râpé
- 6 ufs battus
- Sel poivre
- huile de friture

Ajouter la chapelure, le fromage, le persil, le sel, le poivre et l'ail aux œufs. Bien mélanger pour former une pâte. Chauffer l'huile à feu moyen-vif, lorsqu'elle est chaude, une goutte de pâte doit se raidir et flotter à la surface. Mettez dans la pâte une cuillère à café à la fois. Ne vous encombrez pas.

Lorsque les beignets ont gonflé, retournez-les jusqu'à ce qu'ils forment une croûte dorée.

Mélanger les haricots verts, les macaronis et la sauce marinara dans un grand bol de service.

## 84. Beignets de maïs frais et saucisses

Rendement : 24 portions

**Ingrédient**

- 1 tasse de farine tout usage, tamisée
- 1 cuillère à café de levure chimique
- 1 cuillère à café de sel
- $\frac{1}{8}$ cuillère à café de poivre
- cuillère à café de paprika
- 1 tasse de saucisses, cuites et émiettées
-

- 1 tasse de maïs frais en épi
- 2 jaunes d'œufs, battus
- 2 cuillères à soupe de lait
- 2 blancs d'œufs battus en neige
- Huile de friture

Tamiser la farine, la levure chimique et les épices ensemble dans un bol à mélanger. Ajouter la saucisse, le maïs, les jaunes d'œufs et le lait; mélanger jusqu'à homogénéité. Incorporer les blancs d'œufs battus en neige.

Déposer par cuillerées à thé combles dans l'huile chauffée à 360 - 365 degrés.

Cuire 3 à 5 minutes en tournant pour dorer de tous les côtés. Égoutter sur du papier absorbant.

## 85. Beignets de maïs à hot-dog

Rendement : 6 petits-fils

**Ingrédient**

- 6 œufs ; séparé
- 12 onces de maïs au piment
- 6 hot-dogs
- ½ tasse de farine tout usage
- ½ cuillère à café de sel
-

1 cuillère à soupe de Xérès de cuisine

Battre les jaunes d'œufs jusqu'à ce qu'ils soient légers et mousseux; ajouter le maïs, les hot-dogs en dés, la farine, le sel et le xérès. Mélangez très bien. Battre les blancs d'œufs jusqu'à ce qu'ils forment des pics. Incorporer les blancs d'œufs au mélange de hot-dogs en prenant soin de ne pas perdre l'air.

Faites frire sur une plaque chauffante chaude et légèrement graissée comme vous le feriez pour des crêpes, en utilisant environ $\frac{1}{4}$ de tasse du mélange par gâteau. Servir aussitôt, bien chaud.

# 86. Beignets de viande coréens

Rendement 4 portions

**Ingrédient**

- 2 livres Steak de pointe de surlonge
- 3 brins d'oignon vert, émincés
- 2 cuillères à soupe d'huile de graines de sésame
- 2 cuillères à café de graines de sésame
- ½ tasse de sauce soja
-

- 1 gousse d'ail, émincée

    1 trait de poivre noir

- 5 Des œufs

Mélanger tous les autres ingrédients sauf les œufs et faire tremper la viande dans la sauce pendant une heure.

Fariner la viande et tremper dans l'œuf légèrement battu et faire frire à feu moyen jusqu'à ce qu'elle soit dorée. Servir chaud avec la sauce.

Sauce : 2 cuillères à soupe. sauce soja 1 c. oignon vert haché 1 c. graines de sésame 1 c. vinaigre 1 c. sucre Mélanger tous les ingrédients ensemble.

# 87. Beignets de parmesan et mozzarella

Rendement : 4 portions

**Ingrédient**

- 1 gousse d'ail; haché
- 2 mozzarella mûre; râpé
- 1 petit œuf ; battu
- Quelques feuilles de basilic frais
- 70 grammes de parmesan; râpé
- 2 cuillères à soupe    farine

- Sel et poivre

Mélanger la mozzarella, l'ail, le basilic, le parmesan et l'assaisonnement et lier avec l'œuf battu. Ajouter un peu de farine, façonner et laisser reposer au réfrigérateur pendant environ 30 minutes.

Enrober légèrement de farine avant de faire frire

Le mélange doit être assez mou, car il se raffermit après avoir reposé au réfrigérateur pendant le temps requis. L'huile de la poêle ne doit pas être trop chaude sinon les beignets brûleront à l'extérieur et seront froids au milieu.

## Beignets de desserts

### 88. Beignets de noix de pécan enrobés de chocolat

Rendement : 4 douzaines

**Ingrédient**

- 2 paquets de caramels à la vanille ; 6 onces. ch.
- 2 cuillères à soupe de lait évaporé
- 2 tasses de moitiés de noix de pécan
- 8 onces Chocolat au lait. bar; divisé en carrés
- ⅓ Barre de paraffine; cassé en morceaux Mélanger les caramels et le lait au bain-marie; chauffer jusqu'à ce que les

caramels fondent, en remuant constamment. Battre avec une cuillère en bois jusqu'à consistance crémeuse; incorporer les pacanes. Déposer par cuillerées à thé sur du papier ciré beurré; laisser reposer 15 minutes.

Mélanger le chocolat et la paraffine dans le haut du bain-marie; chauffer jusqu'à ce qu'il soit fondu et lisse, en remuant de temps en temps.

À l'aide d'un cure-dent, tremper chaque beignet dans le mélange de chocolat

Placer sur du papier ciré pour refroidir.

### 89. Beignets de choux

Rendement : 1 portion

**Ingrédient**

- ½ tasse de beurre ou de margarine
- 1 tasse d'eau bouillante
- ¼ cuillère à café de sel
- 1¾ tasse de farine
- 4 œufs
- 4 tasses d'huile végétale; (12 onces)
- Sucre en poudre

Mélanger le beurre, l'eau bouillante, le sel et la farine dans une casserole à feu modéré. Battre vigoureusement le mélange jusqu'à ce qu'il quitte les parois du moule et forme une boule. Retirer du feu et laisser refroidir légèrement. Verser dans un mélangeur ou un robot culinaire avec une lame en acier et ajouter les œufs un à la fois, en battant bien après chaque ajout. Lorsque tous les œufs ont été ajoutés et que le mélange est épais, il doit conserver sa forme lorsqu'il est soulevé avec une cuillère.

Trempez d'abord une cuillère à soupe dans l'huile chaude, puis dans la pâte.

Déposer délicatement des cuillerées à soupe de pâte dans l'huile chaude et cuire jusqu'à ce qu'elle soit dorée de tous les côtés. Retirer de l'huile avec une écumoire et égoutter sur du papier absorbant.

## 90. Beignets de pudding de Noël

Rendement : 1 portion

**Ingrédient**

- 25 grammes    Farine auto-levante
- 125 ml de bière

- 125 ml de lait
- 125 ml d'eau froide
- 1 reste de pudding de Noël
- 1 Farine nature

- 1 friteuse avec de l'huile

Mélanger les quatre premiers ingrédients pour faire une pâte. Mettez de côté pendant 20 minutes.

Faites chauffer la friteuse à 180°C.

Coupez le pudding en cubes ou en doigts, roulez-le dans la farine puis plongez-le dans la pâte. faire frire jusqu'à ce qu'ils soient dorés.

Égoutter sur un torchon et servir.

## 91. Beignets à la cannelle

Rendement : 1 portion

**Ingrédient**

- 1 tasse d'eau chaude
- ⅓ tasse Raccourcissement
- 2 tasses de farine
- ½ tasse) de sucre
- 1 cuillère à soupe de cannelle

- 
- Le sel

    2 cuillères à café de levure

- Huile pour friture

- $\frac{1}{4}$ Cannelle

- $\frac{1}{2}$ tasse de sucre en poudre

Faire fondre le shortening dans l'eau chaude. Incorporer la farine, le sucre, la cannelle, le sel et la levure chimique. Bien mélanger. Former une boule et réfrigérer la pâte au moins 1 heure. Chauffer 1" d'huile végétale à 375 dans une friteuse ou une poêle. Casser de petits morceaux de pâte et rouler en boules.

Faire frire pendant 3-4 minutes jusqu'à coloration

Retirer de l'huile chaude avec une cuillère trouée. Égoutter sur du papier absorbant et laisser refroidir quelques minutes sur une grille. Mélanger la cannelle et le sucre dans un bol. Rouler les beignets chauds à la cannelle dans le mélange de sucre pour les enrober complètement. Servir chaud.

## 92. Beignets français

Rendement : 1 portion

**Ingrédient**

- 2 oeufs; séparé
- ⅔ tasse de lait
- 1 tasse de farine ; tamisé
- ½ cuillère à café de sel
- 1 cuillère à soupe de beurre; fondu
- 2 cuillères à soupe de jus de citron

- 
- 1 citron ; couenne râpée

    2 cuillères à soupe de sucre

- 4 Pommes ou oranges, ananas
- Figues ou poires

Saupoudrer les tranches de fruits de votre choix avec le zeste de citron et le sucre et laisser reposer 2 à 3 heures. Égoutter et tremper dans la pâte à beignet fine.

Pâte : Battre au batteur, les jaunes d'œufs, le lait, la farine, le beurre salé et le jus de citron. Incorporer les blancs d'œufs battus en neige.

Frire dans la graisse profonde 375

Égoutter et servir chaud avec 10xsucre, ou un sirop ou une sauce sucrée.

## 93. Beignets à l'érable

Rendement : 24 beignets

Ingrédient

- 3 chacun Oeufs
- 1 cuillère à soupe de crème
- ½ cuillère à café de sel
- 2 tasses de lait
- 2 cuillères à café de levure
- 4 tasses de farine

Mélanger la levure chimique et le sel avec la farine et ajouter le lait. Battre les œufs et la crème ensemble et incorporer au mélange de farine. Déposer par cuillères à soupe dans la graisse chaude, chauffée à 370 * F et faire frire jusqu'à cuisson complète, environ 5 minutes. Servir avec du sirop d'érable chaud.

## 94. Beignets de cerises au rhum

Rendement : 6 portions

**Ingrédient**

- ½ tasse de farine tout usage
- 2 cuillères à soupe de sucre à glacer
- ¼ cuillère à café de sel
- 1 livres Cerises avec tiges
- Sucre de confiserie
- 2 oeufs; séparé

- 2 cuillères à soupe de rhum
- ½ tasse de beurre clarifié
- ½ tasse d'huile végétale

Dans un bol moyen, mélanger la farine, les jaunes d'œufs, 2 T de sucre glace, le rhum et le sel pour former une pâte lisse. Couvrir et laisser reposer 1 à 2 heures.

Battez les blancs d'œufs jusqu'à ce qu'ils soient fermes et incorporez-les à la pâte.

Faites chauffer le beurre et l'huile végétale dans une grande poêle à 360 degrés F., puis baissez le feu.

Tremper les cerises dans la pâte et les dresser dans l'huile chaude

Faire frire pendant 3 minutes, ou jusqu'à ce qu'ils soient dorés

Retirez les cerises. Trempez-les dans le sucre glace et servez.

# 95. Suvganiot

Rendement : 20 ou 25

**Ingrédient**

- 1 tasse d'eau tiède
- 1 paquet de levure sèche
- 1 cuillère à soupe de sucre
- 4 tasses de farine tout usage
- 1 tasse de lait chaud
- 1 cuillère à soupe de beurre non salé (fondu)

- 
    1 cuillère à soupe d'huile
- 1 oeuf
- 2 cuillères à café de sel
- 3 cuillères à soupe de sucre
- Confiture à votre goût
- Sucre et cannelle à saupoudrer

Mélanger les ingrédients de la levure et laisser reposer 10 minutes.

Mélanger le mélange de levure avec tous les ingrédients sauf la farine. Mélanger lentement la farine et bien travailler. Laisser reposer 3 heures. Faire frire dans l'huile chaude et profonde, en mesurant la pâte avec une grande cuillère.

Tourner une fois pour dorer uniformément. Égoutter sur du papier absorbant. Une fois refroidi, remplir de confiture et saupoudrer de sucre et de cannelle.

# 96. Beignets de vin

Rendement : 4 portions

## Ingrédient

- 4 Rouleaux de type bâton
- 200 grammes de farine (1 3/4 tasses)
- 2 oeufs
- de litre de lait
- 1 pincée de sel
- Graisse pour la friture
- ½ litre de vin OU de cidre

- Sucre au goût

Mélanger la farine, les œufs, le lait et le sel dans une pâte. Couper les rouleaux en 4 tranches. Tremper les tranches dans la pâte, puis les faire frire jusqu'à ce qu'elles soient dorées.

Disposez les beignets dans un bol et versez dessus du vin ou du cidre chaud et sucré. Donnez-leur le temps de s'imprégner du vin avant de servir.

## Beignets DE FLEURS COMESTIBLES
### 97. Beignets de fleurs de sureau servis avec mousse de fleurs de sureau

Rendement : 4 portions

**Ingrédient**

- Huile de tournesol pour friture
- 8 Têtes de fleur de sureau; selon la taille
- 180 grammes de farine ordinaire
- 1 cuillère à soupe de sucre en poudre
- Une pincée de sel

- Le zeste finement râpé d'1 citron

- 2 oeufs

- 60 millilitres de lait

- 60 millilitres de vin blanc sec

- 1 quartiers de citron et sucre glace

Tamiser la farine dans un bol avec le sucre et le sel. Ajouter le zeste de citron et les œufs, et ajouter environ la moitié du lait et la moitié du vin. Commencez à fouetter les liquides dans la farine, en incorporant progressivement le reste du lait et du vin pour faire une pâte lisse.

Une à une, prenez les fleurs par leurs tiges et plongez-les dans la pâte. Soulevez et laissez l'excès de pâte s'écouler, puis glissez-le dans l'huile.

Après deux minutes, le dessous doit être légèrement doré. Retourner les beignets et les rendre croustillants encore une minute. Égoutter sur du papier absorbant avant de servir.

## 98. Beignets de fleurs de pissenlit

Rendement : 10 portions

**Ingrédient**

- 1 tasse de farine de blé entier
- 2 cuillères à soupe d'huile d'olive
- 2 cuillères à café de levure
- 1 tasse de fleurs de pissenlit
- 1 pincée de sel
- 1 oeuf
- Spray antiadhésif à l'huile végétale

- 
- ½ tasse de lait faible en gras

Cette variation sur les crêpes utilise les bouffées jaunes du pissenlit, une bonne source de vitamine A.

Dans un bol, mélanger la farine, la levure chimique et le sel. Dans un bol séparé, battre l'œuf, puis mélanger avec du lait ou de l'eau et de l'huile d'olive.

Mélanger avec le mélange sec. Incorporez délicatement les fleurs jaunes en prenant soin de ne pas les écraser.

Vaporiser légèrement une plaque chauffante ou une poêle avec de l'huile végétale.

Chauffer jusqu'à ce qu'il soit bien réchauffé. Verser la pâte sur la plaque chauffante par cuillerées et cuire comme des crêpes.

## 99. Beignets de fleurs de sureau

Rendement : 1 portion

## Ingrédient

- 8 Têtes de fleurs de sureau
- 110 grammes de farine ordinaire
- 2 cuillères à soupe d'huile de tournesol
- 150 millilitres de bière blonde ou d'eau
- 1 blanc d'oeuf
- huile de friture
- Sucre glace; tamisé

- quartiers de citron

Tamiser la farine et le sel ensemble et mélanger à une pâte avec l'huile et la bière blonde. Laisser reposer au frais pendant 1 heure. Battre le blanc d'œuf jusqu'à ce qu'il tienne en pics fermes. Incorporer l'œuf juste avant d'utiliser la pâte.

Faites chauffer un peu d'huile dans une poêle profonde ou une friteuse. Trempez les têtes de fleurs dans la pâte, puis plongez-les dans l'huile chaude fumante et faites-les frire jusqu'à ce qu'elles soient dorées.

Égoutter les beignets sur du papier absorbant. Disposez dans un plat, saupoudrez de sucre glace tamisé et servez avec des quartiers de citron.

## 100. Beignets de pétales de rose

Rendement : 4 portions

**Ingrédient**

- 1 bouquet de pétales de rose de chaque
- sucre glace
- sauce sucrée

Incorporer les pétales et mélanger délicatement.

Plongez dans l'huile chaude et faites frire jusqu'à ce qu'ils soient dorés.

Pour frire : Tremper des morceaux de nourriture dans la pâte. Faire frire dans 3-4 pouces de graisse à 375 degrés jusqu'à coloration dorée.

Égoutter sur du papier absorbant.

Saupoudrer les beignets de fruits de sucre glace ou napper d'une sauce sucrée.

## CONCLUSION

Sucré ou salé, l'humble beignet est délicieusement polyvalent. Croustillant et chaud de la poêle à frire est notre meilleure façon préférée de savourer le plat à base de pâte, en particulier dans le cadre d'un petit-déjeuner paresseux le week-end.

Avec un peu de soin, il est facile de faire des beignets maison qui sont un régal riche et décadent, adaptés au petit-déjeuner, au dîner, au dessert ou tout simplement comme collation. Il existe une grande variété de recettes de beignets dans ce livre à essayer qui sauront plaire à tout le monde.

Avant de commencer à faire des beignets, trouvez la bonne pâte qui convient à votre cuisine et à vos papilles gustatives. Essayez cette recette de pâte de base qui utilise de l'huile de noix de coco au goût léger pour une saveur rafraîchissante. Mélangez votre choix de garnitures différentes, du sucré et fruité à la viande et au salé.

www.ingramcontent.com/pod-product-compliance
Lightning Source LLC
Chambersburg PA
CBHW070354120526
44590CB00014B/1133